SÜSSE
VERFÜHRUNG
Leckere Desserts für jeden Geschmack

Inhalt

KALTE DESSERTS
Apfelkuchen mit Feigen 8
Basilikum-Sauerrahm-Eis 9
Brioche mit Vanillecreme............ 10
Buttermilch-Guglhupf................ 12
Clementinen-Polenta-Muffins 13
Clementinen-Sorbet 13
Feigen-Tarte-Tatin 14
Feigentarte.......................... 15
Fruchtige Gewürzcremetorte......... 16
Gestürzter Cranberrykuchen 18
Granatapfel-Himbeer-
Semifreddo.......................... 18
Granatapfel-Sorbet 20
Himbeer-Mascarpone-Eis 21
Hirse-Honigcreme
mit frischen Früchten 22
Ingwer-Sorbet 22
Kernöl-Guglhupf..................... 24
Kirsch-Nougat-Creme
mit Beeren 24
Knusperbrioche
mit Basilikum-Zitronenkompott 26
Kokos-Panna Cotta 27
Kokosroulade mit
Orangen-Granatapfel-Creme 28
Linzertorte 29
Maroni-Tiramisu..................... 30
Marshmallow-Crunchschnitten 32
Mascarpone-Creme mit Lychees ... 33
Mascarpone-Grießmousse
mit Granatapfel-Pfeffersauce....... 34
Orangen-Himbeer-Guglhupf 35
Papayasalat mit Saskatoons.......... 36
Rhabarber-Erdbeer-Dessert
mit Vanillesauce..................... 37
Schoko-Himbeer-Törtchen 38
Schoko-Karamelltarte 39
Schoko-Karamell-Mousse 40
Schokoladenbrownies 42
Schoko-Panna Cotta 44

Schwarzwälder Cakeballs 45
Tarteletts mit
Rhabarber-Creme-Fülle 46
Trockenfrüchtesalat
mit Haselnüssen und Gewürzen 46
Walnusstorte........................ 48
Weiße Espressotrüffel............... 50
Zitronentrüffel...................... 50
Weißer
Orangen-Mandel-Nougat........... 51
Zitronentorte 52
Zitronenmousse 54
Zitronen-Maracuja-Torte............. 56

WARME DESSERTS
Apfel-Müsli-Crumble 58
Apfelspalten mit Hirselaibchen 59
Beerenschmarren
mit Apfel-Birnen-Kompott 60
Brotpudding
mit Whiskysauce und Beeren 62
Crepes mit Cranberrykompott 63
Erdbeer-Crumble.................... 64
Gefüllte Feigen 66
Grießbrei
mit exotischem Fruchtsalat.......... 66
Himbeersoufflee 67
Heiße Himbeeren
auf Grießpudding 68
Kokos-Mangomilch.................. 68
Lebkuchenflan
mit Butterscotch-Birnen............. 70
Moccatorte 72
Milchreis
mit karamellisierten Feigen 73
Orangen-Mandel-Palatschinken mit
Topfencreme und Schokosauce ... 74
Orangen-Mohn-Pizza 76
Orangen-Schokoladen-Tarte........ 77
Powidl-Buchteln..................... 78
Reispudding mit karamellisierten
Äpfeln und Haselnüssen 80

Rhabarber-Himbeer-Crumble........ 81
Salzburger Nockerln 82
Schokotörtchen 84
Überbackene Grapefruits
mit Knuspermüsli und Ingwer 86
Zabaione mit Amaretto 86

SAUCEN & CREMEN
Erdbeer-Ingwer-Sauce............... 88
Erdbeer-Melonen-Sauce 88
Granatapfel-Fenchel-Sauce 88
Kokos-Toffee-Sauce 89
Mango-Celementinen-Sauce........ 89
Melonen-Ingwer-Sauce 89
Orangen-Rosmarin-Sauce........... 90
Pistaziensauce...................... 90
Schoko-Whisky-Sauce............... 90
Honig-Joghurt-Creme 92
Mascarpone-Cookie-Creme 92
Orangen-Buttercreme
mit Pinienkernen.................... 94
Orangen-Granatapfel-Creme 94
Schoko-Erdnuss-Creme 95
Topfencreme 95
Topfen-Himbeer-Creme 96

VERWENDETE ABKÜRZUNGEN:
g .... Gramm
kg .... Kilogramm
EL .... Esslöffel
l .... Liter
TL .... Teelöffel
ml .... Milliliter
cl .... Zentiliter
Pkg. .... Packung
Msp. .... Messerspitze
Stk. .... Stück

Die Mengenangaben in den Rezepten beziehen sich, sofern nicht anders angegeben, auf 4 Personen.

Online-Buchshop auf www.hubertkrenn.at

© 2013 Hubert Krenn VerlagsgesmbH, www.hubertkrenn.at
Sonderausgabe für die Fa. FHF Buch & Spiel Vertriebs GmbH FHF

Fotos: Robert Marksteiner, Fotostudio Riedmann, Michael Seyer, brand pictures, Inmagine, MEV Verlag, PhotoDisc, fotolia (© legaa, Donatella Tandelli, picsfive, Stephanie Frey, stockcreations, Barbara Pheby, FOOD-micro, sarsmis, Yevgeniya Shal, Food_Studio, Peredniankina, Maria Telepneva, mayamo, Maksim Shebeko, Africa Studio, Thomas Francois, ld1976, A.L, foodinaire, Colinda McKie, anjelagr, nikitos77, Kheki, Esther Hildebrandt, HLPhoto)

ISBN 978-3-99005-177-1
Alle Rechte vorbehalten, alle Angaben ohne Gewähr.

jung und kreativ

SÜSSE VERFÜHRUNG

Leckere Desserts für jeden Geschmack

INTERNATIONAL KULINARISCH

Süße Versuchung

Neue Erkenntnisse der Ernährungswissenschaft belegen, was Naschkatzen schon längst wussten: Süßigkeiten können tatsächlich glücklich machen. Dass allzuviel ungesund ist, gehört ebenfalls zum Allgemeinwissen. Doch im richtigen Maß und in der richtigen Menge sind feine Torten und auserlesene Desserts ein wahrhaft himmlischer Genuss.

In Österreich haben edles Gebäck und köstliches Konfekt schon seit der Zeit der Monarchie einen besonderen Stellenwert. Schon 1894 schrieb man *„Mehlspeisen sind die Pointen der Wiener Küche, eine immer überraschender, bestechender, blendender und beifallswürdiger als die andere, Compositionen von berückender Fülle und Lieblichkeit, gastronomische Ghaselen von so wunderbar verschlungenen Bau, dass der Laie staunend vor ihnen innehält. Kein Wunder, dass ausser der Wiener keine Sprache der Welt reich genug ist, um den Begriff eines Kaiserschmarrens oder eines Salzburger Nockerls mit allen seinen Feinheiten knapp und klar zum Ausdruck zu bringen."*

Dieses Buch soll zeigen, dass es nicht nur in Österreich leckere Desserts gibt. Hier finden Sie nicht nur klassische Wiener bzw. österreichische Desserts, sondern vor allem internationale Köstlichkeiten.

Auch wenn heutzutage zunehmend auf eine fettarme und kalorienreduzierte Ernährung geachtet wird, muss man trotzdem nicht auf die eine oder andere Nascherei verzichten. Desserts können leicht und trotzdem köstlich sein und auch beim Backen lassen sich ganz locker einige Kalorien einsparen. Topfen, Joghurt oder Buttermilch, köstliche frische Früchte und Beeren sind die Zutaten für leichte Kuchen und Desserts mit viel Geschmack, aber wenig Kalorien.

Tipps für kalorienreduzierte Desserts

Der Teig

Wenig Zucker und Fett im Teig – zu den leichten Teigen gehören Biskuitmasse und Germteig, sowie Brandteig. Bei Rührkuchen kann man teilweise Butter, Zucker und Ei durch Pflaumenpüree ersetzten. Nehmen Sie anstelle von normalem Zucker Vollzucker aus dem Reformhaus. Viel Fett können Sie sparen, wenn Sie mehr Eiklar als Eidotter verwenden.

Backformen müssen nicht gefettet werden – man kann Sie auch mit Öl einsprühen oder mit Backpapier auslegen.

Die leichte Fülle

Cremes aus Joghurt, Topfen und Pudding sind gute Alternativen für Buttercreme und Schlagobers. Auch Marmeladen, Honig und Kompotte eignen sich gut als Füllung.

Süße Früchte

Machen Sie sich die natürliche Süße von frischen Früchten zunutze, nicht nur als Belag und Fülle sondern auch im Teig sorgen Früchte und Beeren für einen frischen und saftigen Genuss.

Joghurt statt Schlagobers

Eis können Sie auch wunderbar aus Buttermilch, Joghurt oder Dickmilch herstellen und ist damit ein guter Ersatz für Schlagobers. Sorbets auf Wasserbasis sind ebenfalls eine wunderbar leichte Erfrischung.

Und zuletzt, ein kleines Stück ist immer besser als ein großes Stück.

KALTE DESSERTS

KALTE DESSERTS

Apfelkuchen mit Feigen

Für 10–12 Portionen:

125 g Butter
100 g Honig
1 Pkg Vanillezucker
1 Ei
250 g Dinkelmehl
1 gestrichener EL Backpulver
4 Äpfel
3 EL Sonnenblumenkerne nach Belieben
1 TL Zimt
2 EL Zucker
2 EL Mandelblättchen

Garnierung:
frische Feigen und Heidelbeeren
Honig

Den Ofen auf 175 °C vorheizen. Für den Teig Butter, Honig und Vanillezucker schaumig rühren. Das Ei dazugeben und weiterrühren. Das Dinkelmehl und das Backpulver untermischen.

Für die Fülle die Äpfel schälen, das Kerngehäuse entfernen und die Äpfel in kleine Stücke schneiden. Nach Geschmack die Sonnenblumenkerne, Zimt und den Zucker dazugeben. Die Mandelblättchen in der Hand zerdrücken und alle Zutaten der Fülle miteinander vermischen.

Die Hälfte des Teiges auf den Boden der Form geben, die Fülle darauf schichten und den restlichen Teig darauf streichen.

Im Backofen ca. 50 Minuten backen. Den Kuchen 15 Minuten in der Form ruhen lassen, bevor man ihn stürzt. Weiter abkühlen lassen.

Den Kuchen in Stücke schneiden. Feigen in dünne Scheiben schneiden und zusammen mit den Heidelbeeren auf dem Kuchen drapieren. Zum Schluss etwas Honig darüber traufeln.

Basilikum-Sauerrahm-Eis

Die Basilikumblätter grob hacken.

Ei, Eidotter, Zucker und Zitronensaft in eine Schüssel geben und über Wasserdampf schaumig schlagen. Die Schüssel vom Wasserdampf nehmen und weiter schlagen, bis er lauwarm abgekühlt ist.

Sauerrahm und Basilikum dazugeben und fein pürieren.

Das Schlagobers steif schlagen und vorsichtig unter die Creme heben. In eine Kastenform füllen und über Nacht einfrieren.

1 Handvoll Basilikumblätter
1 Ei
1 Eidotter
60 g Kristallzucker
2 EL Zitronensaft
125 g Sauerrahm
125 ml Schlagobers

Brioche mit Vanillecreme

Für 8 Portionen:

Teig:
200 g weiche Butter
10 g frische Germ
2 EL warme Milch
250 g Mehl
½ TL Salz
50 g Feinkristallzucker
3 Eier
Mehl zum Bestreuen
1 Ei zum Bestreichen

Creme:
125 g Mascarpone
½ Vanilleschote
30 g Feinkristallzucker

Den Germ in eine Schüssel bröseln, warme Milch dazugeben und mit einer Gabel verrühren. Nun das Mehl darauf geben, Salz und Zucker einstreuen und alles grob vermischen. Die Eier hinzufügen und 3–4 Minuten kräftig weiterkneten. Die weiche Butter unter den Teig kneten und solange kneten, bis der Teig elastisch ist. Die Schüssel mit Folie bedecken und den Teig 1 ½ Stunden rasten lassen.

Danach die Masse nochmals 2 Minuten durchkneten, die Schüssel mit Frischhaltefolie bedecken und 12 Stunden im Kühlschrank gehen lassen.

Backform mit Butter ausstreichen. Das Backrohr auf 50 °C vorheizen.

Die Arbeitsfläche mit Mehl bestäuben, den Teig aus der Schüssel nehmen und glatt kneten. Mit Mehl bestreuen und den Teig rechteckig ausrollen, so dass er in die Form passt. Den Ofen ausschalten, die Form ins Rohr stellen und den Teig ca. 60 Minuten im angewärmten Rohr aufgehen lassen.

Die Form herausnehmen und das Rohr nun auf 180 °C vorheizen. Das Ei verquirlen und den Teig damit bestreichen. Auf mittlerer Schiene ca. 40 Minuten goldbraun backen, herausnehmen und auskühlen lassen.

Aus der Form stürzen und in der Mitte eine tiefe Kerbe ausschneiden. Für die Creme Mascarpone, Vanillemark und Zucker mit dem Schneebesen verrühren und in einen Spritzbeutel füllen. Den Einschnitt auseinanderdrücken und die Creme hineinspritzen.

Buttermilch-Guglhupf

Für 10–12 Portionen:

200 ml Buttermilch
1 TL Natron
2 Bio-Zitronen
350 g Mehl
240 g Feinkristallzucker
160 g Butter
50 g geriebene Mandeln
1 Vanilleschote
1 TL Backpulver
½ TL Meersalz
2 Eier
Butter zum Einfetten und Mehl zum Bestäuben der Form

Das Backrohr auf 180 °C vorheizen.

Buttermilch und Natron in einer Schüssel vermischen und ziehen lassen, damit sich das Volumen vergrößern kann.

Die Zitronen heiß waschen, trocknen, die Schalen fein abreiben und den Saft herauspressen. Mehl, Zucker, 160 g Butter, Mandeln, Zitronenschalen, Vanillemark, Backpulver und Meersalz in einer Küchenmaschine hacken, bis alles gut vermischt ist. Eier, 1 EL Zitronensaft und die Buttermilchmixtur beigeben und alles gut vermischen.

Eine Guglhupfform einfetten und mit Mehl bestäuben, den Teig in die Form gießen und die Oberfläche glatt streichen.

Auf mittlerer Schiene ca. 95 Minuten backen und danach abkühlen lassen.

Clementinen-Polenta-Muffins

Das Backrohr auf 170 °C vorheizen. 3 Clementinen schälen, in einen Topf mit kaltem Wasser geben, aufkochen und 60 Minuten leicht köcheln lassen. Das Wasser abseien und die Clementinen mit einem Stabmixer pürieren.

Eier trennen und das Eiklar mit Salz und 40 g Zucker 4–5 Minuten aufschlagen, bis die Creme dick ist. Den Dotter mit dem restlichen Zucker cremig rühren und das Olivenöl langsam einlaufen lassen. Dann für 3 Minuten weiter schlagen. Mandeln in einer Küchenmaschine fein mahlen. 150 g Clementinenpüree, Mandeln, Polenta und zuletzt den Eischnee unterheben und in Muffinformen füllen. Auf mittlerer Schiene 18–20 Minuten goldbraun backen.

Die restlichen Clementinen so schälen, dass die weiße Haut entfernt wird. Die Filets vorsichtig mit einem kleinen Messer aus den Trennwänden lösen und den Saft dabei auffangen. Den Saft mit Hollerblütensirup, Minzeblättern und den Clementinenfilets vermengen.

Die Muffins mit den Clementinenfilets und dem Sirup auf Tellern anrichten und servieren.

5 Clementinen
etwas Wasser
3 Eier
1 Prise Salz
150 g Rohrohrzucker
100 ml Olivenöl
200 g blanchierte Mandeln
100 g Polenta
2 EL Hollerblütensirup
4–8 Minzeblätter

Clementinen-Sorbet

Zucker und Wasser solange kochen, bis sich der Zucker aufgelöst hat – dann auskühlen lassen. Clementinen- und Zitronensaft durch ein Sieb gießen. ¼ l vom Saft abmessen und mit dem Zuckersirup und Orangenlikör verrühren.

Den kalten Zitrussirup in die laufende Eismaschine gießen und ca. 20 Minuten cremig gefrieren lassen. Dann ins Gefrierfach geben.

160 g Kristallzucker
220 ml Wasser
Saft von 10 Clementinen und ½ Zitrone
3 TL Orangenlikör

KALTE DESSERTS

Feigen-Tarte-Tatin

Für 6 Portionen:

100 g Mehl
60 g weiche Butter
35 g Zucker
1 Eidotter
10 Feigen
1 EL Honig
Mark einer Vanilleschote
1 EL frische Thymianblätter
6 EL Crème fraîche

Mehl, 50 g Butter, 25 g Zucker und Eidotter rasch zu einem Mürbteig verarbeiten. Den Teig zu einer Kugel formen und in Frischhaltefolie gewickelt 30 Minuten kalt stellen.

Die Feigen waschen, Stiele entfernen und halbieren.

Den Ofen auf 200 °C vorheizen.

Die restliche Butter in einer ofenfesten Pfanne erhitzen. Den restlichen Zucker, Honig und das Vanillemark zufügen und hellbraun karamellisieren lassen. Die Pfanne vom Herd nehmen und die halbierten Feigen mit der Schnittfläche nach unten nebeneinander in die Pfanne setzen, möglichst ohne Zwischenräume.

Die Arbeitsfläche mit Mehl bestäuben und den Teig ca. 3 cm dick und 24 cm im Durchmesser auswalken. Danach die Teigplatte vorsichtig auf die Feigen setzen. Die Pfanne in der vorgeheizten Ofen schieben und ca. 20 Minuten backen, bis der Teig goldgelb gefärbt ist.

Die Pfanne aus dem Ofen nehmen und ca. 15 Minuten auskühlen lassen. Einen großen Teller auf die Pfanne setzen und die Tarte stürzen. Mit Thymian dekorieren und mit Crème fraîche servieren.

Feigentarte

Butter und Zucker mit dem Mixer zu einer glatten, weichen Masse verrühren. Eidotter unterrühren, Mehl und Maismehl zugeben und zu einem geschmeidigen Teig verkneten. Den Teig zu einer Kugel formen und mit Folie umwickelt mindestens 1 Stunde im Kühlschrank rasten lassen.

In der Zwischenzeit eine Backform mit Butter ausstreichen, dann den Teig zwischen 2 Lagen Plastikfolie ausrollen. Die obere Folie entfernen und den Teig mit der unteren Folie in die Form legen, andrücken und die überhängenden Ränder abschneiden. Mit einer Gabel mehrmals in den Teigboden stechen. Die Form nochmals 30 Minuten in den Kühlschrank stellen.

Das Backrohr auf 180 °C vorheizen.

Backpapier auf den Teig legen und Bohnen als Füllung zum Blindbacken darauf geben. Den Boden 10 Minuten backen. Danach die Füllung und das Backpapier entfernen und den Boden nun noch 5–10 Minuten knusprig backen. Auskühlen lassen.

In der Zwischenzeit den Frischkäse cremig rühren und mit Créme fraîche und Zucker zu einer luftigen Masse verrühren. Diese in die Tarteform geben und die Feigenhälften darauf verteilen. Danach für 30 Minuten in den Kühlschrank stellen.

Für 8 Portionen:

75 g Butter
100 g Zucker
2 Eidotter
135 g Mehl
50 g Maismehl
125 g Frischkäse
125 g Crème fraîche
2 gehäufte EL feiner Zucker
12 frische Feigen, halbiert

Bohnen zum Blindbacken
Butter zum Bestreichen

Fruchtige Gewürzcremetorte

Für 8–10 Portionen:

Teig:
6 Eier
140 g Kristallzucker
1 TL Zimt
1 TL Kardamom
1 Pkg. Vanillezucker
140 g Mehl
20 g Speisestärke
50 g gemahlene Mandeln
150 ml Apfel-Kräuter-Sirup
400 g Fruchtmarmelade

Creme:
700 g Schlagobers
120 g Zucker
1 TL Zimt

Einen Bogen Backpapier auf ein Backblech legen und einen flexiblen Tortenring mit 10 cm Höhe auf 18 cm Durchmesser ausziehen und auf das Papier stellen. Das überstehende Papier hochziehen.

Das Backrohr auf 180 °C vorheizen.

Eier und Zucker in einer Schüssel 4 Minuten schaumig schlagen, dann die Gewürze und den Vanillezucker unterschlagen. Mehl, Speisestärke und Mandeln vermischen und vorsichtig unter den Eischaum rühren.

Den Teig in die Form füllen und glatt streichen. Auf mittlerer Schiene 45 Minuten backen, herausnehmen und abkühlen lassen.

Die Torte aus der Form lösen, das Backpapier ablösen, dreimal quer durchschneiden und die Böden nebeneinander legen.

Den Apfel-Almkräuter-Sirup gleichmäßig auf die Böden träufeln. Die Marmelade glatt rühren und dann auf den unteren drei Böden verstreichen.

Für die Creme das Schlagobers steif schlagen, Zucker und Zimt vermischen und unterrühren. Die Creme auf den Böden gleichmäßig verteilen und die Böden zur Torte aufschichten. Die Torte bis zum Servieren kalt stellen.

Mit Schlagobers und frischen Früchten dekorieren.

Gestürzter Cranberrykuchen

5 Eier
150 g Zucker
1 Msp Zitronenschale
150 g Mehl
1 TL Backpulver
1 EL Kakaopulver
100 g Schokoflocken
300g frische Cranberries

Das Backrohr auf 180 °C vorheizen. Die Eier mit Zucker und der Zitronenschale schaumig schlagen. Mehl, Backpulver und Kakaopulver vermischen und unter die Eimasse heben. Die Schokoflocken ebenfalls unterheben.

Den Boden einer Springform mit Butter bestreichen und mit etwas Zucker bestreuen. Die Cranberries darauf verteilen und mit dem Teig zudecken. Glatt streichen und 50 Minuten auf mittlerer Schiene backen.

Granatapfel-Himbeer-Semifreddo

Für ca. 2 l Eis:

2 Granatäpfel
375 g Himbeeren
1 EL Zitronensaft
6 Eidotter
200 g Zucker
Mark einer Vanilleschote
300 ml Schlagobers
250 g Crème fraîche

Granatäpfel halbieren und die Kerne herauslösen. 1/3 der Kerne in einer Küchenmaschine zerkleinern, bis ein Saft entsteht. 100 ml Saft durch ein Sieb in eine Schale seihen. 2/3 der Himbeeren mit dem Zitronensaft grob pürieren und beiseite stellen.

Eidotter, Zucker, Vanillemark und Granatapfelsaft in einer Metallschüssel über Wasserdampf 5–7 Minuten schlagen, bis eine dicke Masse entsteht. In eine Schale umfüllen und 2–3 Minuten rühren, bis die Masse auskühlt.

Schlagobers schlagen, bis Spitzen entstehen, Crème fraîche unterrühren. Die Ei-Mischung und zuletzt das Himbeerpürree unterheben. Die Mischung in eine Form geben und ca. 6 Stunden einfrieren, bis sie fest ist.

Granatapfel-Himbeer-Semifreddo >

Granatapfel-Sorbet

Für 6 Portionen:

200 g Feinkristallzucker
3 Zimtstangen
2 Granatäpfel
1 Zitrone
300 ml Wasser

Zucker, Zimt und Wasser bei mittlerer Hitze in einem Topf verrühren, bis der Zucker aufgelöst ist. Danach aufkochen und den Topf nach 1 Minute vom Herd nehmen und auf Zimmertemperatur abkühlen lassen.

Inzwischen die Granatäpfel halbieren, die Kerne herauslösen und in einer Küchenmaschine zerkleinern, bis ein Saft entsteht. 250 ml Saft in den ausgekühlten Sirup seihen und verrühren. Den Saft der Zitrone dazupressen, die Zimtstangen entfernen und in ein flaches Gefäß geben.

Etwa 6 Stunden einfrieren, dabei mit einer Gabel immer wieder durchrühren.

Himbeer-Mascarpone-Eis

Himbeeren und Staubzucker und Zitronensaft vermischen und mit einer Gabel fein zerdrücken.

Ei, Eidotter und Zucker in eine Schüssel geben und über Wasserdampf schaumig schlagen. Die Schüssel vom Wasserdampf nehmen und weiter schlagen, bis die Masse lauwarm abgekühlt ist.

Mascarpone und Himbeeren unterrühren sowie das Schlagobers steif schlagen und vorsichtig unterheben. Die Masse in eine Kastenform füllen und über Nacht einfrieren.

150 g Himbeeren
1 EL Staubzucker
1 EL Zitronensaft
1 Ei
1 Eidotter
60 g Kristallzucker
125 g Mascarpone
125 ml Schlagobers

KALTE DESSERTS

Hirse-Honigcreme
mit frischen Früchten

100 g Hirse
300–350 ml Milch
2–3 TL Honig
1 Prise Salz
75 g Crème fraîche
½ Bio-Zitrone
1–2 EL Staubzucker
100 g Frischkäse
2 Kiwis
2 kleine Orangen
150 g frische Beeren

Hirse in kochendem Wasser kurz aufkochen und auf einem Sieb abtropfen lassen. Milch, Honig und Salz kurz aufkochen, Hirse einstreuen und bei schwacher Hitze ca. 20 Minuten quellen lassen.

Crème fraîche unter die Hirse rühren, auf 4 Gläser aufteilen und abkühlen lassen.

Die Zitrone heiß waschen, trocknen, die Schale abreiben und den Saft auspressen. Zitronensaft, -schale, Zucker und Frischkäse glattrühren und auf der Hirse verteilen. Das Obst schäle, klein schneiden und auf der Creme verteilen.

Ingwer-Sorbet

1 Limette
250 g Zucker
3 TL frisch geriebener Ingwer
300 ml Wasser
400 ml Prosecco
Obst nach Wahl

Die Schale von der Limette abreiben und den Saft auspressen. Zucker und Ingwer im Wasser 5 Minuten köcheln lassen, dann vom Herd nehmen und den Limettensaft dazugeben. Alles durch ein Sieb passieren und abkühlen lassen.

Den Prosecco dazugeben und alles in ein flaches Gefäß geben. 5 Stunden ins Gefrierfach stellen und alle 30 Minuten durchrühren.

Obst nach Wahl (z.B. Lychees) klein schneiden und einen Teil davon in die Gläser geben, das Sorbet darauf verteilen und das restliche Obst und die Limettenschale zum Dekorieren verwenden.

Hirse-Honigcreme mit frischen Früchten >

Kernöl-Guglhupf

100 g Kürbiskerne
30 g weiche Butter
2 EL Semmelbrösel
250 g Mehl
½ Pkg. Backpulver
5 Eier
200 g Staubzucker
1 TL Vanillezucker
125 ml Kürbiskernöl
50 g Kristallzucker

Backofen auf 180 °C vorheizen. Die Kürbiskerne auf ein Backblech streuen und im Backofen ca. 15 Minuten rösten. Danach auf ein Küchenbrett streuen und grob hacken. Die Guglhupfform mit Butter ausstreichen und mit Semmelbrösel bestreuen.

Mehl und Backpulver vermischen. Die Eier trennen. Die Eidotter schaumig schlagen, Staubzucker und Vanillezucker zugeben und cremig rühren. Kürbiskernöl und 125 ml Wasser ebenfalls unterrühren.

Das Eiklar mit dem Kristallzucker steif schlagen. Den Eischnee mit den Kürbiskernen und dem Mehlgemisch unter die Eidottermasse heben.

Die Masse in die Form geben und glatt streichen. 60 Minuten backen, abkühlen lassen und stürzen. Nach Belieben mit Staubzucker bestreuen.

Kirsch-Nougat-Creme mit Beeren

250 ml Schlagobers
1 Pkg. Sahnesteif
1 Pkg. Vanillezucker
100 g Amarenakirschen
4 EL Amarenakirsch-Sirup
6 EL Heidelbeeren
130 g Nuss-Nougat-Creme
150 g griechisches Joghurt
½ TL gemahlener Zimt

Vier kleine Schüsseln im Gefrierfach kalt stellen. Schlagobers mit Sahnesteif und Vanillezucker steif schlagen und abgedeckt in den Kühlschrank stellen.

Die Kirschen entkernen und etwa die Hälfte davon halbieren. Mit dem Sirup und den Heidelbeeren mischen.

Die Nougatcreme mit Joghurt und Zimt in einer Schüssel mit dem Mixer cremig schlagen. Das Schlagobers vorsichtig dazugeben.

Die Kirsch-Beeren-Mischung in den Schüsseln verteilen, aus der Nougatcreme Nocken ausstechen und daraufsetzen.

Kirsch-Nougat-Creme mit Beeren >

Knusperbrioche
mit Basilikum-Zitronenkompott

600 g säuerliche Äpfel
4 ½ EL Zucker
100 ml Apfelsaft
1 Zitrone
1 Vanilleschote
200 ml Schlagobers
1 EL Honig
3 Eier
1 Prise Salz
75 g Butter
250 g Brioche vom Vortag
2 EL Basilikumblätter

Die Äpfel für das Kompott schälen, entkernen und in Stücke schneiden. 1 ½ EL Zucker in einem Topf goldgelb karamellisieren, mit Apfelsaft ablöschen und die Apfelstücke dazugeben. Abgedeckt bei schwacher Hitze weich kochen.

In der Zwischenzeit die Zitrone schälen und die weiße Haut entfernen. Die Filets heraustrennen und fein würfeln. Den Saft auffangen. Die Zitronenstücke und -saft unter das Kompott rühren, kurz aufkochen und eventuell mit Zucker oder Honig abschmecken – danach auskühlen lassen.

Die Vanilleschote aufschneiden, das Mark herauskratzen und mit Schlagobers, 1 EL Zucker, Honig, Eiern sowie Salz verrühren.

Die Butter portionsweise in einer Pfanne erhitzen. Brioche in Scheiben schneiden, in der Ei-Obers-Mischung wenden und in der heißen Butter von beiden Seiten braun backen und mit Zucker bestreuen.

Basilikum in Streifen schneiden und unter das Kompott rühren.

Brioche mit dem Kompott anrichten und servieren.

KALTE DESSERTS **27**

Kokos-Panna Cotta

Gelatine 5 Minuten in kaltem Wasser einweichen.

In der Zwischenzeit die Kokosmilch, Schlagobers und den Zucker in einem Topf bei mittlerer Hitze kochen, so dass sich der Zucker auflöst. Kurz aufkochen und vom Herd nehmen.

Die Gelatine ausdrücken, zur Mischung geben und solange rühren, bis sie sich aufgelöst hat. Den Limettensaft auspressen und unterrühren.

Die Mischung auf 6 Gläser aufteilen und 3–4 Stunden im Kühlschrank kalt stellen.

Für 6 Portionen:

2 ¼ Blatt Gelatine
400 ml Kokosmilch
250 ml Schlagobers
130 g Feinkristallzucker
½ Limette

Kokosroulade
mit Orangen-Granatapfel-Creme

Orangen-Creme:
1 Orange
1 Zitrone
1 Blatt Gelatine
3 Eidotter
100 g Feinkristallzucker
100 g Butter

Roulade:
3 Eier
150 g Feinkristallzucker
50 g Mehl
½ TL Backpulver
30 g Kokosraspeln

1 Becher Crème fraîche
1 Granatapfel
2 Orangen
Kokosraspeln zum Bestreuen

Für die Orangencreme den Saft der Orange und der Zitrone in getrennte Schälchen pressen. Gelatine in kaltem Wasser einweichen. Eidotter und Zucker in einer Schale verrühren, 4 EL Orangen- und 2 EL Zitronensaft einrühren. Die Mischung in einen Topf geben, die Butter grob zerkleinern und bei mittlerer Hitze unter ständigem Rühren einrühren. 3–4 Minuten köcheln lassen, dann in eine Schüssel gießen. Im Kühlschrank kalt stellen.

Für die Roulade das Backrohr auf 180 °C Umluft vorheizen. Eier und 140 g Zucker 4–5 Minuten in einer Schüssel mixen, bis sich das Volumen verdreifacht hat. Mehl und Backpulver durch ein Sieb zugeben und einrühren. Die Kokosraspeln unterheben. Ein Backblech mit Backpapier auslegen und den Teig darauf verteilen. Glatt streichen und auf mittlerer Schiene 8–10 Minuten backen, bis er goldgelb ist. Ein Stück Backpapier mit Zucker bestreuen und den Teig aus dem Rohr nehmen und auf das Backpapier stürzen. Das andere Backpapier vorsichtig von der Oberfläche entfernen, den Teig zu einer Roulade rollen und auskühlen lassen.

Crème fraîche in einer Schüssel rühren, bis Spitzen entstehen. Die Orangencreme aus dem Kühlschrank nehmen und rühren, bis sie weich ist.

Orangen schälen, die Filets aus den Trennwänden lösen. Granatapfel halbieren und die Kerne herauslösen. Die Roulade aufrollen und zuerst mit Orangencreme, dann mit Crème fraîche bestreichen. Die Granatapfelkerne darauf verteilen und wieder einrollen.

Die Roulade mit Kokosraspeln bestreuen und mit den Orangenfilets dekorieren.

Linzertorte

Butter mit Zucker, Gewürzen, Zitronenschale und Rum sehr schaumig rühren. Nach und nach die Eier einschlagen und schaumig mixen. Das Mehl mit Backpulver und den geriebenen Haselnüssen vermischen und zügig, aber vorsichtig unterrühren.

Das Backrohr auf 165 °C vorheizen. Eine Tortenform mit Butter ausstreichen und mit Semmelbröseln bestreuen. Den Teig zur Hälfte einfüllen, die Oblaten darauf legen und die Ribiselmarmelade darauf verstreichen.

Die restliche Masse in einen Spritzbeutel füllen und im Gittermuster darauf verteilen. Nach Belieben mit Mandel- oder Haselnussblättchen bestreuen. Im Backrohr 50 bis 60 Minuten backen, herausnehmen und kühl stellen.

200 g weiche Butter
200 g Zucker
5 Eier
30 ml Rum
1 TL gemahlener Zimt
1 Prise gemahlene Nelken
Schale einer ½ Zitrone
200 g Mehl
130 g geröstete, gemahlene Haselnüsse
1 Pkg. Backpulver
Semmelbröseln
2–3 große Oblaten
250 g Ribiselmarmelade

TIPP
Sie können die Ribiselmarmelade auch durch Marillenmarmelade ersetzen.

Maroni-Tiramisu

Biskuit:
8 Eidotter
220 g Zucker
80 g Stärke
80 g gemahlene Mandeln
5 Eiklar

Kaffee:
250 g starker Kaffee
20 ml Amaretto
1 EL Zucker

Maroni-Creme:
150 g geröstete geschälte Maroni
80 g Zucker
5 Blatt Gelatine
20 ml Amaretto
2 Eidotter
500 g Mascarpone
Kakaopulver zum Bestreuen

Backrohr auf 180 °C vorheizen.

Für das Biskuit Eidotter mit 200 g Zucker in einer Schüssel mit dem Schneebesen hellgelb und schaumig schlagen, bis sich der Zucker aufgelöst hat. Stärke und gemahlene Mandeln mischen. Eiklar mit 20 g Zucker mit dem Mixer steif schlagen. Die Stärke-Mandel-Mischung sowie ein Drittel des Eischnees zum Dotter geben und vorsichtig unterheben, dann den restlichen Eischnee unterheben. Die Masse gleichmäßig auf ein mit Backpapier ausgelegtes Blech streichen und 10 Minuten backen.

Den Kaffee mit Amaretto und Zucker verrühren und abkühlen lassen.

Für die Maroni-Creme die Maroni mit 50 g Zucker und 200 ml Wasser bei geschlossenem Deckel vollständig weich kochen. Eventuell noch etwas Wasser nachgießen. Die Maroni mit einem Stabmixer fein pürieren.

Das fertig gebackene Biskuit aus dem Ofen nehmen, auf ein Gitter stürzen und das Backpapier vorsichtig abziehen. Auskühlen lassen und mit einem runden Ausstecher zwölf Kreise ausstechen.

Für die Creme Gelatine 5 Minuten in kaltem Wasser einweichen. Amaretto in einem kleinen Topf erwärmen, Gelatine ausdrücken und darin auflösen. Eidotter mit dem restlichen Zucker über einem heißen Wasserbad aufschlagen. Die Schüssel vom Wasserbad nehmen und weiterschlagen, bis der Eierschaum auf Zimmertemperatur abgekühlt ist.

Die aufgelöste Gelatine unter das Maronipüree rühren, den Eischaum unterheben und zum Schluss die Mascarpone unterziehen, bis eine homogene Masse entsteht. In 4 Gläser jeweils einen Biskuitboden setzen. Diesen mit 1–2 EL Kaffee tränken, darauf etwas Maroni-Creme verteilen und mit den restlichen Zutaten ebenso fortfahren.

> **TIPP**
> Die Gläser bis zum Servieren kühl stellen (idealerweise am Vortag zubereiten). Zum Servieren die Oberfläche mit Kakao bestäuben.

Marshmallow-Crunchschnitten

Für 16 Stück:

200 g ganze geschälte Mandeln
300 g Mehl
100 g Kristallzucker
1 Prise Salz
150 g Butter
1 Eidotter
50 g geschälte, gesalzene Pistazien
200 g Marshmallows
300 ml Schlagobers
300 g Zartbitter-Kuvertüre
100 g Butter
Mehl zum Bestreuen

Backrohr auf 180 °C vorheizen. Ein Backblech mit Backpapier auslegen. Einen Backrahmen daraufstellen und auf 24 x 24 cm ausziehen und an den Rand des Backbleches stellen. Mandeln auf ein zweites Backblech streuen und ca. 10 Minuten auf mittlerer Schiene goldbraun rösten.

Währenddessen Mehl, Zucker, Salz, Butter und Eidotter in eine Schüssel geben und mit den Knethaken des Mixers fein bröselig kneten.

Zwei Drittel des Bröselteiges gleichmäßig in den Backrahmen streuen und mit einem Esslöffel festdrücken. Den übrigen Teig glatt kneten, auf einer bemehlten Arbeitsfläche auf ca. 8 x 20 cm ausrollen und neben dem Backrahmen auf das Blech legen. Die Mandeln herausnehmen und abkühlen lassen.

Das Blech mit dem Teig ca. 25 Minuten auf mittlerer Schiene goldbraun backen, herausnehmen und abkühlen lassen. Die Pistazien auf ein Sieb geben, das Salz abwaschen und trocknen. Grob hacken und mit den Mandeln in eine Rührschüssel geben.

Die Marshmallows in ca. 1 cm große Stücke schneiden und dazugeben. Schlagobers in einen Topf gießen, auf 80 °C erhitzen und vom Herd ziehen. Kuvertüre in Stücke brechen und im heißen Obers schmelzen lassen. Die Butter in kleine Stücke schneiden und dazugeben.

Die kleine Teigplatte vom Blech nehmen, in ca. 2 cm große Stücke brechen und in die Schüssel geben. Die Schokomasse darüber gießen, alle Zutaten vermischen und in den Backrahmen auf den ausgekühlten Teigboden füllen und glatt streichen.

Für mindestens 8 Stunden kalt stellen. In ca. 6 x 6 cm große Stücke schneiden und servieren.

Mascarpone-Creme mit Lychees

Die Zutaten in einer Schüssel cremig rühren. Die Lychees abtropfen lassen, klein schneiden und unter die Creme heben.

Nun die Creme auf Gläser verteilen und eventuell mit kandierten Blütenblättern verzieren.

Für 2 Portionen:

250 g Mascarpone
6 EL Milch
2 EL Kokosraspeln
4 EL Zucker
6 EL Lycheesaft
12 Lychees

Mascarpone-Grießmousse
mit Granatapfel-Pfeffersauce

2 Blatt Gelatine
1 Ei
1 Bio-Zitrone
150 ml Milch
50 g Grieß
1 Prise Salz
60 g Zucker
50 g Schlagobers
100 g Mascarpone
1 Granatapfel
4 EL Granatapfelsirup
1 Mango
½–1 TL schwarze Pfefferkörner

Für das Mousse Gelatine in reichlich kaltem Wasser einweichen. Ei trennen und Eiklar kalt stellen.

Zitrone heiß waschen, trocknen und von der Schale ein ca. 6 cm langes Stück abschneiden. Milch und Zitronenschale aufkochen, den Grieß unter Rühren einrieseln und 3–4 Minuten aufquellen lassen. Die Masse kurz abkühlen lassen.

Gelatine ausdrücken und mit dem Eidotter unter die noch warme Grießmasse rühren. Die Zitronenschale entfernen. Masse in eine Schüssel füllen, mit Frischhaltefolie abdecken und auskühlen, aber nicht fest werden lassen.

Eiklar und eine Prise Salz steif schlagen und nach und nach 50 g Zucker einrieseln lassen. Eischnee kalt stellen. Schlagobers mit Mascarpone steif schlagen. Grießmasse kurz aufrühren. Erst die Hälfte der Mascarpone-Schlagobers-Mischung mit einem Kochlöffel unterrühren, dann die zweite Hälfte und schließlich den Eischnee unterheben. Das Grießmousse in Portionsförmchen geben und ca. 3 Stunden auskühlen lassen.

Den Granatapfel mit einem scharfen Messer halbieren und mit einer Zitruspresse auspressen. Eine halbe Zitrone auspressen. Den übrigen Zucker in einem Topf bei mittlerer Hitze hellgelb karamellisieren. Granatapfel- und Zitronensaft sowie Sirup dazugeben und ca. um die Hälfte einkochen. Mango schälen, das Fruchtfleisch vom Kern trennen und die Hälfte des Fruchtfleisches sehr fein würfeln. Das übrige Fruchtfleisch zum Granatapfelsaft geben und alles fein pürieren. Pfefferkörner im Mörser grob zerstoßen und mit den Mangowürfeln zur Fruchtsauce geben.

Das Grießmousse aus den Förmchen stürzen, mit der Granatapfel-Pfeffersauce anrichten und servieren.

KALTE DESSERTS 35

Orangen-Himbeer-Guglhupf

Das Backrohr auf 180 °C vorheizen. Die Guglhupfform mit Butter ausstreichen.

Die aufgetauten Himbeeren mit einer Gabel zerdrücken. Die Orange heiß waschen, trocknen und die Schale fein reiben.

Mehl, Zucker, Vanillezucker und Backpulver in einer Schüssel vermischen. Die Butter und die Eier dazugeben und kurz vermischen. Die Orangenschale mit dem Himbeerpüree vermischen und unter den Teig rühren. Den Teig in die Form geben und solange backen, bis der Guglhupf oben hellbraun ist.

Aus dem Rohr nehmen und auskühlen lassen. Aus der Form nehmen, mit Staubzucker bestreuen und servieren.

Für 12 Portionen:

80 g Tiefkühl-Himbeeren
50 g weiche Butter
1 Bio-Orange
120 g Mehl
50 g Feinkristallzucker
1 Pkg. Vanillezucker
½ TL Backpulver
2 Eier
Staubzucker

Papayasalat mit Saskatoons

20 g getrocknete Saskatoons (kanadische Apfelbeeren)
1 Papaya
150 g Himbeeren
1 EL Rohrzucker
½ Bund Minze

Saskatoons mit heißem Wasser übergießen und ca. 30 Minuten ziehen lassen. Die Papaya schälen, halbieren und die Kerne entfernen. Das Fruchtfleisch in Stücke schneiden.

Die Himbeeren pürieren und durch ein Sieb streichen. Danach das Himbeermark mit Zucker verrühren. Minzeblätter von den Stielen zupfen und fein schneiden.

Die Saskatoons abtropfen lassen und mit Papaya, Himbeermark und etwa ¾ der Minzblätter vermischen und ca. 10 Minuten ziehen lassen. Den Salat anrichten und mit den restlichen Minzeblättern bestreuen.

Rhabarber-Erdbeer-Dessert
mit Vanillesauce

Puddingpulver mit 3 EL Zucker und der Milch nach Packungsanleitung zubereiten und beiseite stellen.

Den Rhabarber in 5 cm lange Stücke schneiden und mit dem restlichen Zucker und 4 EL Wasser bissfest kochen und auskühlen lassen.

Die Erdbeeren halbieren und die Hälfte davon mit 40 ml Apfelsaft pürieren und durch ein Sieb streichen. Crunchy Nut hellbraun rösten.

Die Erdbeersauce anrichten, Erdbeeren und Rhabarber darauf verteilen und die Vanillesauce darüber gießen. Mit Crunchy Nut bestreuen und servieren.

½ Pkg. Puddingpulver
5 EL Zucker
500 ml Milch
400 g Rhabarber
400 g Erdbeeren
40 ml Apfelsaft
50 g Crunchy Nut

Schoko-Himbeer-Törtchen

Für 2 Portionen:

Teig:
150 ml Milch
1 EL Butter
3 Msp. Vanillepulver
3 Eier
200 g Zucker
175 g Mehl
1 TL Speisenatron
3 EL Kakaopulver

Fülle:
125 g Schlagobers
125 g Himbeeren

Glasur und Deko:
150 g Bitterschokolade
150 g Schlagobers
1 EL Zuckerrohrsirup
125 g Himbeeren

Den Ofen auf 170 °C vorheizen und 2 gleich große Backformen mit Backpapier auslegen. Die Butter in der Milch schmelzen und Vanillepulver einrühren.

Die Eier mit dem Zucker cremig rühren, Mehl mit Natron und Kakao mischen und beides gemeinsam mit dem Butter-Milch-Gemisch verrmischen. Den Teig auf die zwei Formen verteilen und 20 Minuten backen.

Für die Fülle das Schlagobers schlagen und die Himbeeren dazugeben. Die Himbeeren beim Verrühren mit der Gabel zerdrücken und die Masse auf einem Kuchenboden verteilen. Den zweiten Boden darauf setzen.

Für die Glasur die Schokolade fein hacken und zusammen mit dem Schlagobers und dem Sirup im Wasserbad schmelzen. Über den Kuchen gießen und mit frischen Himbeeren garnieren.

Schoko-Karamelltarte

Das Backrohr auf 180 °C vorheizen.

Mehl, Butter, Eidotter, Zucker, Vanillezucker und Salz zügig zu einem Teig verkneten. Den Teig zu einer Kugel formen und mit Frischhaltefolie bedeckt für 30 Minuten in den Kühlschrank stellen.

Den Teig danach zwischen 2 Bögen Backpapier legen und rund auswalzen. Danach in eine Tarteform legen und die Ränder gut festdrücken. Die überstehenden Ränder wegschneiden und den Teig am Boden mehrmals mit einer Gabel einstechen. Auf mittlerer Schiene 20 Minuten backen, bis er goldbraun und knusprig ist. Aus dem Ofen nehmen und auskühlen lassen.

In der Zwischenzeit die Schokolade hacken und in eine ofenfeste Schale geben. Eidotter mit dem Zucker dick-cremig schlagen.

Die Milch aufkochen und ein Drittel davon über die Eimasse gießen. Die Eimasse in den Topf geben und mit der restlichen Milch unter ständigem Rühren so lange erhitzen (nicht kochen!), bis die Masse eindickt. Die heiße Masse über die Schokolade gießen und solange rühren, bis eine glänzende homogene Masse entstanden ist.

Die Kondensmilch mit der Butter in einem Topf unter Rühren so lange erhitzen, bis goldbraunes Karamell entstanden ist. Abwechselnd die beiden Cremen löffelweise auf den Teig setzen. Anschließend mit einer Gabel wellenförmige Linien ziehen, um die Cremen ineinander zu ziehen.

Die Tarte 2 Stunden in den Kühlschrank stellen.

Teig:
250 g Mehl
150 g kalte Butter
1 Eidotter
50 g Kristallzucker
1 Pkg. Vanillezucker
1 Prise Salz

Creme:
275 g Zartbitterschokolade
3 Eidotter
50 g Zucker
250 ml Milch
400 ml gesüßte Kondensmilch
50 g Butter

Schoko-Karamell-Mousse

Für 5–6 Portionen:

2 Avocados
200 g entsteinte Datteln
1 Prise Salz
2 EL Agavendicksaft
70 g Kakaopulver
10 g Lucumapulver
30 g Mesquitepulver
½ TL Vanillepulver
¼ TL Zimt
250 ml Mandelmilch
30 g Carragheen (1h einweichen und gut ausspülen)

Carragheen mit der Mandelmilch im Mixer gut vermischen, danach alle anderen Zutaten dazugeben und solange mixen, bis eine cremige Masse entsteht.

Das fertige Mousse in Schälchen füllen und wahlweise mit Obst oder Nüssen garnieren.

TIPP
Diese Creme kann auch als Fülle für Torten verwendet werden.

Schokoladenbrownies

Für 8 Portionen:

250 g Dinkelmehl
1 EL Pflanzenöl
85 g Kakaopulver
1 ½ TL Backpulver
1 Prise Salz
125 ml Pflanzenöl
250 ml Ahornsirup
125 ml Naturreissirup oder heller Agavendicksaft
125 ml starker Kaffee
125 ml Sojamilch
1 EL Vanilleextrakt
175 g Schokoladetropfen

Vanilleeis
evtl. Schlagobers und Schokosauce

Den Ofen auf 190 °C vorheizen. Eine Auflaufform (23 x 28 cm, 5 cm hoch) mit Pflanzenöl einfetten.

Mehl, Kakao, Backpulver und Salz in eine große Rührschüssel sieben. In einer zweiten Schüssel Pflanzenöl, Ahornsirup, Naturreissirup, Kaffee, Sojamilch und Vanilleextrakt mit dem Schneebesen verrühren. Die flüssigen Zutaten zügig unter die trockenen mischen, dabei nicht zu lange rühren, damit die Brownies nicht zäh werden.

Die Hälfte des Teiges in die Auflaufform gießen. Mit der Hälfte der Schokoladentropfen bestreuen. Den restlichen Teig in die Form gießen und die übrigen Tropfen darüber streuen.

30 Minuten backen. Jedenfalls so lange, bis an einem hineingesteckten Holzstäbchen nur noch wenig Schokolade hängen bleibt. Abkühlen lassen.

Danach in Quadrate schneiden oder rund ausstechen und je 2 Brownies mit Vanilleeiscreme zu Türmchen zusammensetzen. Nach Belieben mit Schlagobers und Schokosauce dekorieren.

Schoko-Panna Cotta

Für 6 Portionen:

3 Blatt Gelatine
250 g dunkle Schokolade
900 ml Schlagobers
50 ml Espresso
5 Eidotter
140 g Kristallzucker

Die Gelatine in kaltem Wasser einweichen. Die Schokolade fein reiben. Schlagobers und Kaffee in einem Topf bei mittlerer Hitze aufkochen.

Eidotter und Zucker in einer Schüssel verrühre, die Schlagobersmischung dazugeben und vermischen. Die Mischung zurück in den Topf leeren und bei mittlerer Hitze 4–5 Minuten ständig rühren. Wenn die Creme eingedickt ist vom Herd nehmen.

Gelatine ausdrücken und hinzufügen, die geriebene Schokolade beigeben und einrühren, bis sie geschmolzen ist.

Auf 6 Schalen aufteilen und ca. 4 Stunden kalt stellen.

TIPP
Dazu passt das Granatapfelsorbet perfekt!

Schwarzwälder Cakeballs

Das Backrohr auf 180 °C vorheizen. Backblech mit Backpapier auslegen.

Für den Biskuitteig die Eier in einer Schüssel 3 Minuten schaumig schlagen. Zucker und Vanillezucker dazugeben und weitere 3 Minuten schlagen, bis ein elastischer Schaum entsteht.

Mehl mit Kakaopulver vermischen und kurz unterschlagen. Den Teig auf das Backpapier gießen und glatt streichen. Auf mittlerer Schiene ca. 14 Minuten backen, herausnehmen und auskühlen lassen.

Währenddessen die Kuvertüre grob hacken und in einer Metallschüssel über einem warmen Wasserbad schmelzen. Das Backpapier vom Teig abziehen. Das Biskuit zerbröckeln und in eine Rührschüssel geben. Mascarpone, Kirschkonfitüre und geschmolzene Kuvertüre hinzufügen. Nach Belieben Kirschwasser zugeben und alles zu einer glatten Masse vermischen. Aus der Masse 8 Scheiben formen.

Die Weichseln auf ein Sieb geben und den Saft auffangen. 4–5 Weichseln auf jede Scheibe geben und dabei den Rand frei lassen. Die Weichseln mit den Rändern der Teigtaler umschließen und mit den Händen vorsichtig zu einer Kugel formen und auf einen Gitterrost legen.

Staubzucker, Crème fraîche und 2 EL Weichselsaft zu einer glatten Glasur verrühren. Die Cakeballs damit überziehen.

Mit farbigem Zucker bestreuen, 10 Minuten antrocknen lassen und in Papiermanschetten servieren.

Für 8 Portionen:

6 Eier
80 g Feinkristallzucker
1 Pkg. Vanillezucker
120 g Mehl
10 g Kakaopulver
100 g Zartbitter-Kuvertüre
125 g Mascarpone
100 g Schwarzwälder Kirschkonfitüre
3 EL Kirschwasser
185 g entsteinte Weichseln
250 g Staubzucker
25 g Crème fraîche

Tarteletts mit Rhabarber-Creme-Fülle

Für 6 Portionen:

150 g Rhabarber
2 EL Zitronensaft
2 EL Zucker
200 g Topfen
3 EL Vanillezucker
100 ml Schlagobers
1 Packung Mürbteig
Butter zum Einfetten

Den Rhabarber putzen und in kleine Stücke schneiden. Mit 2 EL Wasser, Zitronensaft und Zucker 5 Minuten kochen und abkühlen lassen.

2 EL vom Rhabarbersaft entnehmen und mit Topfen und Vanillezucker verrühren. Das Schlagobers steif schlagen und unterziehen, dann kalt stellen.

Ein Muffinblech ausfetten und bemehlen. Den Mürbteig ausrollen, 6 Kreise mit ca. 8 cm Durchmesser ausstechen und in die Förmchen legen. Backpapier zurechtschneiden und auf den Teig legen, mit Hülsenfrüchten beschweren und 15 Minuten bei 180 °C auf mittlerer Schiene goldbraun backen.

Danach abkühlen lassen und mit der Creme und dem Rhabarber füllen und servieren.

Trockenfrüchtesalat
mit Haselnüssen und Gewürzen

50 g Zucker
½ TL Speisestärke
1 rote Chilischote
1 Sternanis
1 kleine Zimtstange
400 g getrocknete Früchte (z.B. Rosinen, Apfelringe, Marillen, Feigen, Pflaumen, Ananas)
1 EL Rosenwasser
50 g Haselnüsse
2 EL geschälte Sesamsaat
1 Bio-Zitrone

Zucker, Stärke und 350 ml Wasser verrühren. Die Chilischote längs aufschneiden, mit Anis und Zimt in das Wasser geben und aufkochen. Die getrockneten Früchte hineingeben und alles erneut aufkochen. Alles in eine Schüssel geben und das Rosenwasser unterrühren. Etwa 2 Stunden ziehen lassen, danach die Chilihälften entfernen.

Die Haselnüsse grob hacken und gemeinsam mit dem Sesam in einer Pfanne ohne Fett goldbraun rösten, herausnehmen und abkühlen lassen. Die Zitrone waschen, trocknen und die Schale abreiben. Die Zitrone halbieren und den Saft auspressen. Schale und Saft unter die Früchte rühren.

Den Salat mit der Sesam-Nuss-Mischung bestreuen.

Trockenfrüchtesalat >

Walnusstorte

Für 12 Portionen:

Teig:
200 g Walnusskerne
100 g gemahlene Mandeln
180 g Mehl
20 g Speisestärke
7 Eier
180 g Kristallzucker
1 Pkg. Vanillezucker
8 EL Sherry Fino

Creme:
150 g Honig
150 g sehr weiche Butter
70 g Staubzucker

Einen Bogen Backpapier auf ein Backblech legen und einen flexiblen Tortenring mit 10 cm Höhe auf 18 cm Durchmesser ausziehen und auf das Papier stellen. Das überstehende Papier hochziehen.

Das Backrohr auf 180 °C vorheizen.

100 g Walnüsse fein hacken, mit den gemahlenen Mandeln auf einem zweiten Backblech vermischen und 10 Minuten auf mittlerer Schiene goldbraun rösten. Das Blech herausnehmen und die Nüsse 15 Minuten abkühlen lassen. Die Hälfte davon mit Mehl und Speisestärke vermischen.

Eier in einer Schüssel 1 Minute schaumig schlagen. Zucker und Vanillezucker beimengen und weitere 4 Minuten fest schlagen. Die Mehl-Nuss-Mischung kurz unterrühren. Den Teig in die Form füllen, glatt streichen und auf mittlerer Schiene 50 Minuten backen. Aus dem Rohr nehmen und ca. 60 Minuten abkühlen lassen.

Aus der Form nehmen, das Backpapier ablösen und den Boden einmal quer halbieren. Den unteren Boden auf eine Platte legen und beide Böden mit Sherry beträufeln.

Für die Creme den Honig in einem Topf kurz aufkochen, die restliche Nussmischung zugeben und verrühren und 10 Minuten auf Zimmertemperatur abkühlen lassen.

Butter und Staubzucker mindestens 4 Minuten schaumig schlagen. Die Honig-Nuss-Mischung esslöffelweise unter die Butter schlagen.

3 EL Creme auf dem unteren Boden verstreichen, den zweiten Boden auflegen, rundum mit der Creme einstreichen und mit den restlichen Walnüssen verzieren.

Weiße Espressotrüffel

Für 25 Stück:

820 g weiße Schokolade
100 ml Schlagobers
30 ml starker Espresso

700 g Schokolade grob zerkleinern, davon 400 g fein hacken und in eine ofenfeste Schale geben.

Das Schlagobers und den Espresso in einem Topf bei mittlerer Hitze aufkochen und zur Schokolade in die Schale geben. Mit einem Löffel umrühren, bis die Schokolade geschmolzen und die Masse glatt ist. 1–2 Stunden im Kühlschrank kalt stellen.

Ein Backblech mit Backpapier auslegen, die Masse aus dem Kühlschrank nehmen und jeweils eine teelöffelgroße Menge zu Kugeln formen. Danach für 45 Minuten einfrieren.

Zitronentrüffel

200 g gehackte weiße Kuvertüre
60 ml Schlagobers
30 g Butter
25 g zerkleinerte Biskotten
1 TL geriebene Zitronenschale
50 g feiner Kristallzucker
Konfektkapseln

Ein Backblech mit Folie auslegen. Die Schokolade in eine Rührschüssel geben.

Das Schlagobers und die Butter in einem kleinen Topf vermischen und bei schwacher Hitze rühren, bis die Butter geschmolzen ist. Aufkochen und vom Herd nehmen.

Die heiße Schlagobersmischung über die Schokolade gießen und mit einem Holzlöffel rühren, bis sie glatt und flüssig ist. Die Biskottenstückchen und Zitronenschale dazugeben und im Kühlschrank bei gelegentlichem Umrühren 30 Minuten kühlen.

Mit einem Teelöffel etwas Masse ausstechen und zu einer Kugel formen. Ausgiebig in Kristallzucker wälzen und auf das vorbereitete Blech legen. Etwa 30 Minuten kühlen, bis die Kugeln fest sind und dann in Konfektkapseln setzen.

Weißer Orangen-Mandel-Nougat

Das Backrohr auf 100 °C vorheizen. Die Mandeln grob hacken, mit den Aranzini auf einem Backblech verteilen und auf mittlerer Schiene im Rohr erwärmen. In der Zwischenzeit den Honig mit einem kleinen Topf bei mittlerer Hitze 3–4 Minuten erwärmen, bis er 108 °C erreicht. 6–8 Minuten weiterkochen, bis er 120 °C erreicht hat.

Währenddessen das Eiklar mit dem Salz zu einem festen Schnee schlagen. Den Honig vom Herd nehmen.

Die Orange heiß waschen, trocknen und die Schale abreiben. 50 ml Saft auspressen, diesen mit der Schale, Zucker und 50 ml Wasser unter ständigem Rühren erhitzen, bis sich der Zucker auflöst. Aufkochen und 12–15 Minuten köcheln.

In der Zwischenzeit den Eischnee auf niedriger Stufe schlagen, die warme Honigmischung langsam beigeben und auf hoher Stufe ca. 4 Minuten weiterschlagen. Aranzini und Mandeln unterheben.

48 kleine Förmchen leicht einölen und mit der Nougat-Masse bis zum Rand füllen. Mit einem heißen Messer die Ränder glatt streichen und die Oblaten darauf setzen. Mit Backpapier abdecken und beschweren, damit im Nougat keine Luftblasen entstehen. Etwa 12 Stunden rasten lassen, bis sich die Masse setzt. Den Nougat mit einem Messer vom Rand lösen und stürzen.

Für 48 Stück:

150 g Mandeln
100 g Aranzini
300 g Bienenhonig
2 Eiklar
1 Prise Salz
1 Bio-Orange
440 g Feinkristallzucker
runde Backoblaten
Öl

Zitronentorte

Mürbteig:
250 g Mehl
1/2 Pkg. Backpulver
125 g Butter
100 g Staubzucker
1 Prise Salz
2 Eidotter
2 EL kaltes Wasser oder Milch

3 Eier
150 g Zucker
100 g geschmolzene Butter
Saft von 2 Zitronen

2 Eiklar
100 g Zucker

Für den Mürbteig zuerst das Mehl mit dem Backpulver versieben, dann eiskalte Butter in kleinen Stückchen auf dem Mehl verteilen und mit der Hand flott abbröseln. Dotter, Wasser und Salz dazugeben und den Zucker am Rand verteilen. Alles rasch zu einem glatten Teig verkneten. In Klarsichtfolie einwickeln und mindestens 30 Minuten kühl (am besten im Kühlschrank) rasten lassen.

Den Teig auf einer leicht mit Mehl bestreuten Fläche ausrollen und eine Tortenform damit auslegen. Den Rand hochziehen, den Boden mit einer Gabel mehrmals einstechen.

Backrohr auf 200 °C vorheizen und den Kuchenboden 10 Minuten vorbacken, dann auskühlen lassen.

Eier und Zucker schaumig schlagen. Zitronensaft und geschmolzene Butter zugeben.

Die Eier-Zitronen-Masse in die Form gießen und etwa 30 Minuten bei 200 °C im Backrohr backen, bis die Oberfläche eine schöne goldgelbe Farbe bekommen hat.

Inzwischen Eiklar zu einem steifen Schnee schlagen, dabei den Zucker einrieseln lassen, bis eine glänzende Masse entstanden ist. Mit dem Dressiersack auf die Torte spritzen und im Rohr noch einige Minuten trocknen lassen.

Zitronenmousse

Für 8 Portionen:

250 ml Milch
6 Zitronen
4 Blatt Gelatine
3 Eier
160 g Zucker
1 Prise Mehl
200 g Schlagobers
einige Minzeblätter

Die Milch in einem Topf zum Kochen bringen und etwa 15 Minuten bei mittlerer Hitze köcheln lassen, bis sie auf die Hälfte reduziert ist.

Die Gelatine in kaltem Wasser einweichen.

Die Eier trennen und die Eidotter mit Zucker in einem Topf kräftig zu einer hellen, glatten, dickflüssigen Creme aufschlagen. In einen Topf gießen und die heiße Milch sowie das Mehl mit dem Schneebesen unterrühren. Den Topf auf den Herd stellen und bei kleiner Hitze kräftig weiter schlagen, bis die Creme eindickt. Den Topf vom Herd nehmen und im kalten Wasserbad abkühlen lassen. Dabei noch einige Minuten weiter schlagen.

Sobald die Creme lauwarm ist, Gelatine ausdrücken und zusammen mit dem ausgepressten Zitronensaft und den abgeriebenen Zitronenschalen unter die Creme rühren.

15 Minuten im Kühlschrank ruhen lassen. Das Eiklar zu Schnee und das Schlagobers steif schlagen. Beides mit der Zitronencreme vorsichtig vormischen und über Nacht in den Kühlschrank stellen.

Mousse in einen Dressiersack füllen und in ausgehöhlte Zitronenhälften spritzen.

> **TIPP**
> Wenn's schneller gehen soll, einfach mit einem Löffel Nocken ausstechen und auf einer Fruchtsauce servieren.

Zitronen-Maracuja-Torte

Für 12 Portionen:

120 g Mehl
60 g Speisestärke
8 Eier
4 Bio-Zitronen
250 g Feinkristallzucker
400 ml Maracujasaft
1 Pkg Vanillepudding-pulver
100 g weiche Butter
Staubzucker

Backrohr auf 180 °C vorheizen. Den Boden einer Springform mit Backpapier auslegen, den Rand darauf stellen und fest ziehen.

Für den Biskuitteig das Mehl und die Speisestärke vermischen. 2 Eier trennen, 2 Eidotter und 6 Eier in eine Schüssel füllen. Die Zitronen heiß waschen, trocken reiben und die Schale einer Zitrone fein in die Schüssel reiben. Mit dem Mixer 2 Minuten schaumig schlagen. 120 g Zucker dazugeben und weitere 3 Minuten schlagen. Die Mehlmischung kurz unterrühren, den Teig in die Springform füllen und glatt streichen.

Die beiden Eiklar und 50 g Zucker in eine saubere Schüssel füllen und 2 Minuten schaumig-weich schlagen. Den Eischnee auf dem Teig verstreichen und 20 g Zucker gleichmäßig darauf streuen. 35 Minuten auf mittlerer Schiene goldbraun backen, herausnehmen und auskühlen lassen.

Den Teig aus der Form lösen und einmal der Breite nach durchschneiden. Den oberen Teil auf einem Teller beiseite stellen. Den unteren Boden auf eine Servierplatte geben und einen flexiblen Backring darumlegen.

Die Schalen der restlichen 3 Zitronen in einen Topf reiben. Den Saft aller 4 Zitronen auspressen und mit dem Maracujasaft auf 500 ml auffüllen. Ca. 50 ml Saft in eine kleine Schüssel gießen. Den übrigen Saft in den Topf mit der Zitronenschale gießen, den restlichen Zucker dazugeben und zum Kochen bringen. Das Puddingpulver mit dem kalten Saft mischen, in den kochenden Saft gießen und unter Rühren einmal aufkochen lassen. Vom Herd nehmen und die Butter unter Rühren darin auflösen. Den Pudding auf Zimmertemperatur abkühlen lassen auf dem unteren Teigboden glatt streichen und mindestens 12 Stunden kalt stellen. Den oberen Teigboden auflegen und mit Staubzucker bestreuen.

WARME DESSERTS

Apfel-Müsli-Crumble

Für 6 Portionen:

100 g Müsli
60 g glattes Mehl
40 g Rohrohrzucker
1 Prise Salz
80 g Butter
6 rote Äpfel
½ Zitrone
2 EL Ahornsirup
2 TL Staubzucker

Müsli, Mehl, Zucker, Salz und 50 g Butter mit den Fingern zu Streuseln verreiben. Die Äpfel waschen, entkernen und in 2 cm große Scheiben schneiden. Aus der Zitronenhälfte 2 EL Saft auspressen und die Äpfel damit beträufeln. Nun das Backrohr auf 180 °C vorheizen.

Die restliche Butter in einer Pfanne erhitzen, die Apfelscheiben mit dem Ahornsirup dazugeben und rundum glasieren. Die Apfelscheiben in 6 ofenfeste Portionsförmchen geben und die Streuselmischung darüber streuen.

Die Crumbles ca. 20 Minuten backen. Mit Staubzucker bestreut warm servieren.

TIPP
Servieren Sie die Crumbles mit einer Kugel Vanille- oder Walnusseis.

Apfelspalten mit Hirselaibchen

500 ml Salzwasser erhitzen, die Hirse auf ein Sieb geben und abspülen. Im Salzwasser aufkochen und bei schwacher Hitze ca. 15 Minuten quellen lassen. In einer Schüssel abkühlen lassen.

Topfen, Vanillemark, Zucker, Ei und Haferflocken zufügen und alles gut vermischen. Aus der Masse 12 Laibchen formen und gleichmäßig flach drücken.

Das Öl in einer Pfanne erhitzen, die Laibchen darin bei mittlerer Hitze ca. 3 Minuten goldbraun backen.

Die Äpfel vierteln, das Kerngehäuse entfernen und die Viertel in ca. 2 mm dicke Spalten schneiden. Die Rosmarinnadeln abstreifen und fein hacken.

Den Zucker in einer Pfanne karamellisieren, die Apfelspalten und Rosmarin zufügen und im Karamell schwenken. Mit Zitronen- und Apfelsaft ablöschen. Die Rosinen zufügen und alles ca. 5 Minuten bei schwacher Hitze garen, danach etwas abkühlen lassen.

Die Hirselaibchen mit den Apfelspalten servieren.

250 g Goldhirse
150 g Magertopfen
Mark einer Vanilleschote
1 EL Kristallzucker
1 Ei
6 EL Haferflocken
Sonnenblumenöl
4 Äpfel
1 kleiner Rosmarinzweig
4 EL Staubzucker
2 EL Zitronensaft
125 ml Apfelsaft
50 g Rosinen
Salz

Beerenschmarren
mit Apfel-Birnen-Kompott

1 Apfel
1 Birne
Saft von ½ Zitrone
2 Pkg. Vanillezucker
50 ml Apfelsaft
4 Eier
200 g Mehl
50 g Kristallzucker
275 ml Milch
6 EL Butter
150 g Heidelbeeren
1 EL Staubzucker
Salz

Apfel und Birne vierteln, putzen und in Würfel schneiden. Mit Zitronensaft vermischen. Mit 1 Packung Vanillezucker und dem Apfelsaft aufkochen und 15 Minuten köcheln, dann abkühlen lassen.

Die Eier trennen, Eiklar mit einer Prise Salz und der zweiten Packung Vanillezucker steif schlagen. Mehl mit 30 g Zucker mischen. Eidotter und Milch verquirlen und mit dem Mehl verrühren.

2 EL Butter schmelzen und unterrühren. Je 2 EL Butter in zwei beschichteten Pfannen erhitzen. Die Beeren auf die Pfannen verteilen und darauf je eine Hälfte des Teiges geben und bei mittlerer Hitze abgedeckt 5 Minuten stocken lassen. Vorsichtig wenden und weiter garen, bis der Schmarren goldgelb und durchgebacken ist.

Mit zwei Gabeln in Stücke reißen und den restlichen Zucker darüber streuen und karamellisieren lassen. Mit dem Kompott anrichten und warm servieren.

> **TIPP**
> Ganz nach Belieben können Sie den Schmarren natürlich auch natur backen und die frischen Beeren erst später dazugeben.

Brotpudding
mit Whiskysauce und Beeren

Sauce:
50 g Kristallzucker
100 ml Whisky
1 EL Butter

Pudding:
750 g Baguette oder Semmeln vom Vortag
1 l Milch
3 Eier
4 TL Margarine
120 g Kristallzucker
½ TL Salz
1 TL Vanillezucker
200 g Rosinen
¼ TL gemahlene Muskatnuss
1 EL gemahlener Zimt
250 g Heidelbeeren

Für die Sauce den Zucker in einem kleinen Topf karamellisieren lassen und mit Whisky ablöschen. Butter hinzufügen und kochen, bis der Zucker aufgelöst ist. Die Sauce zur Seite stellen. Sollte sich die Butter absetzen, die Sauce vor dem Servieren erneut aufkochen.

Für den Pudding das Brot in ca. 3 cm große Stücke schneiden. Die Milch aufkochen, das Brot einrühren und abkühlen lassen. Das Backrohr auf 175 °C vorheizen. Die Eier verquirlen. Margarine in einem Topf schmelzen.

Eier und Margarine mit Zucker, Salz, Vanillezucker, Rosinen, Muskat und Zimt zu der Milch-Brot-Mischung geben und alles gut vermischen. Eine Auflaufform mit Butter einfetten, die Masse in die Form füllen und auf mittlerer Schiene 45 bis 60 Minuten backen, bis sich eine Kruste bildet.

Den Brotpudding herausnehmen und am besten warm mit der Sauce und den Heidelbeeren servieren.

Crepes mit Cranberrykompott

Für den Teig Mehl, ¼ l Wasser, Milch, Zucker und Salz glatt rühren. Die Eier unterrühren und den Teig 10 Minuten quellen lassen.

Inzwischen für das Kompott eine Orange waschen, trocknen und die Schale abreiben. Beide Orangen schälen und die Filets zwischen den Trennwänden herauslösen. Cranberrynektar, Cranberries und Zimtstange aufkochen und 5 Minuten kochen lassen. Die Orangenfilets dazugeben. Stärke mit 2–3 EL kaltem Wasser verrühren und das Kompott damit binden. Abgeriebene Orangenschale und nach Belieben den Orangenlikör unterrühren. Den Topf vom Herd nehmen und das Kompott abgedeckt ziehen lassen.

Das Backrohr auf 180 °C vorheizen. In zwei Pfannen jeweils 1 TL Butter schmelzen. Jeweils einen kleinen Schöpfer Teig dünn hineingießen, zerfließen lassen und die Crepes auf beiden Seiten hellbraun backen. Im Backrohr warmstellen. Auf diese Weise 12 Crepes backen. Crepes mit Staubzucker bestreuen und mit dem Cranberrykompott anrichten.

300 g glattes Mehl
½ l Milch
2 EL Kristallzucker
1 Prise Salz
3 Eier
2 Bio Orangen
400 ml Cranberrynektar
200 g getrocknete Cranberries
1 Zimtstange
1 EL Speisestärke
2 EL Orangenlikör (Cointreau)
2 TL Butter
2 EL Staubzucker

TIPP
Je nach Saison können Sie natürlich auch andere Beeren oder Früchte verwenden.

Erdbeer-Crumble

100 Schlagobers
250 g frische Erdbeeren
1/2 Vanilleschote
1 Msp Zimt
2 EL Honig
30 g gehackte Mandeln
50 g weiche Butter
50 g Rohrzucker
50 g Mehl
2 EL Haferflocken

Schlagobers schlagen und kalt stellen. Das Backrohr auf 200 °C vorheizen. Die Erdbeeren waschen und vierteln.

Die Vanilleschote aufschlitzen und das Mark herauskratzen. Mit Zimt, Honig und den Mandeln vermischen. Erdbeeren auf 4 ofenfeste Gläser verteilen und das Zimt-Honig-Mandelgemisch darauf verteilen.

Butter, Zucker, Mehl und Haferflocken zwischen den Händen zu Bröseln verreiben, auf die Früchte streuen und ca. 25 Minuten backen.

TIPP
Mit Schlagobers garnieren.

Gefüllte Feigen

8 Feigen
35 g gehackte Nüsse
2 EL Honig
2 EL Marsala
80 g Mascarpone
80 g Edelbitter-Schokolade

Die Feigen unten abschneiden und oben etwa 2 cm tief kreuzweise einschneiden. Die Walnüsse, Honig, Marsala und Mascarpone gut miteinander verrühren. Die Feigen etwas aufdrücken und die Mischung hineingeben.

Die Feigen in eine Auflaufform stellen und im Ofen bei 200 °C etwa 12 Minuten backen.

Die Schokolade im Wasserbad schmelzen und nach dem Backen über die Feigen geben und servieren.

Grießbrei
mit exotischem Fruchtsalat

1 Bio-Zitrone
1 Vanilleschote
1 l Milch
1 Prise Salz
3 EL Kristallzucker
125 g Weizengrieß
1 reife Mango
400 g frische Ananas
75 g Physalis
50 ml Orangensaft
200 ml Schlagobers
2 EL gehackte Pistazien

Zitrone waschen, trocknen und ca. 5 cm Schale abschneiden. Die Vanilleschote längs aufschneiden und das Mark herauskratzen. Milch, Vanilleschote und -mark, Zitronenschale, Salz und 2 EL Kristallzucker aufkochen. 3 Minuten kochen lassen, dabei zwischendurch umrühren. Den Grießbrei abgedeckt quellen lassen.

Inzwischen für den Fruchtsalat die Mango schälen und das Fruchtfleisch vom Kern trennen. Mango und Ananas klein schneiden. 4 Physalis öffnen und für die Deko bereitlegen. Die übrigen Physalis aus den Hüllen nehmen, halbieren und mit Orangensaft und dem restlichen Zucker mischen.

Das Schlagobers steif schlagen. Den Grießbrei durchrühren, Vanilleschote und Zitronenschale entfernen und das Schlagobers unter den noch warmen Grießbrei heben. Den Grießbrei noch warm mit dem Obstsalat und den Physalis anrichten und mit Pistazien bestreut servieren.

Himbeersouffle

Die Eidotter mit dem Staubzucker hellgelb rühren und den Himbeerbrand hinzufügen.

Die Himbeeren in einen Topf geben, kurz aufkochen lassen und mit einem Pürierstab fein pürieren. Die Himbeeren durch ein Sieb streichen und das Himbeerpüree zur Zuckermasse geben.

Das Mehl und die Creme double unterheben. Das Eiklar steif schlagen, unterheben und in ausgebutterte Soufflee-Förmchen füllen.

Bei 200 °C etwa 40–45 Minuten backen.

300 g Himbeeren
2 EL Himbeerbrand
1 Eiklar
3 Eidotter
150 g Staubzucker
100 g Weizenmehl
200 g Creme double
Butter

WARME DESSERTS

Heiße Himbeeren auf Grießpudding

15 g frischer Ingwer
1 Bio-Orange
2 Eier
1 Prise Salz
500 ml Milch
2 EL Butter
1 Pkg. Vanillezucker
30 g Kristallzucker
125 g Grieß
150 g Himbeeren
Mandelblättchen zum Bestreuen

Den Ingwer schälen und fein reiben. Die Orange heiß waschen, trocknen und die Schale abreiben. Die Orange abschälen und den Saft auspressen. Die Eier trennen und das Eiklar mit dem Salz steif schlagen.

Die Milch mit Ingwer, Butter, Vanillezucker, Zucker und Orangensaft aufkochen. Grieß unter ständigem Rühren zugeben und bei schwacher Hitze 3 Minuten leicht köcheln lassen. Den Topf vom Herd ziehen und Orangensaft und Eidotter unterrühren und den Eischnee unterheben. Mit Hilfe von Dessertringen auf Tellern anrichten.

Himbeeren in etwas Wasser und eventuell Zucker erwärmen und auf dem Grießpudding verteilen. Mit Mandelblättchen bestreuen und noch warm servieren.

Kokos-Mangomilch

20 g Kokosraspeln
1 Limette
1 reifen Mango
30 g Kristallzucker
400 ml Mangonektar
400 ml Kokosmilch
1 Msp. Safranfäden
1 TL gemahlener Ingwer
1 Msp. gemahlene Muskatnuss

Kokosraspeln ohne Fett in einer Pfanne goldbraun rösten und beiseite stellen.

Die Limette heiß waschen, trocknen, die Schale abreiben und den Saft auspressen. Die Mango schälen, das Fruchtfleisch vom Kern lösen und würfelig schneiden.

Zucker in einem Topf schmelzen, die Mangowürfel dazugeben, karamellisieren lassen und mit dem Mangonektar ablöschen. Limettenschale und -saft sowie Kokosmilch, Safran, Ingwer und Muskat hinzufügen, erhitzen und alles mit einem Pürierstab pürieren. Die Milch in die Gläser füllen und mit den Kokosraspeln bestreuen.

TIPP
Schmeckt auch kalt.

Heiße Himbeeren auf Grießpudding >

Lebkuchenflan
mit Butterscotch-Birnen

Flan:
180 g Mehl
1 EL Ingwer
2 TL gemahlener Zimt
1 TL Backpulver
½ TL Natron
½ TL Salz
80 g weiche Butter
165 g Rohrzucker
3 Eier
1 Bio-Orange
125 g Marillenmarmelade
60 g Honig

Birnen:
4 reife Birnen
Saft von ½ Zitrone
75 g Butter
55 g Feinkristallzucker
55 g Rohrzucker
160 ml Schlagobers
½ TL Salz

Das Backrohr auf 180 °C vorheizen.

Mehl, Ingwer, Backpulver, Natron und Salz in eine große Schüssel sieben und beiseite stellen. Butter und Zucker 3–4 Minuten schaumig schlagen und die Eier nacheinander in die Masse einrühren. Die Orange heiß waschen, trocknen und die Schale abreiben. Marmelade, Honig und Orangenschale gut verrühren und unter den Teig mischen. Die Mehlmischung ebenfalls einrühren.

Den Teig auf vier ofenfeste, befettete Formen verteilen und auf ein mit einem Geschirrtuch ausgelegtes Backblech stellen. Das Blech bis zur Hälfte der Kuchenformen mit heißem Wasser befüllen, die Formen gut mit Alufolie abdecken und auf mittlerer Schiene 10 bis 15 Minuten backen, bis sie fest sind. Die Alufolie entfernen und weitere 15 Minuten backen. Aus dem Rohr nehmen und auskühlen lassen.

Die Birnen schälen, halbieren und das Kerngehäuse entfernen. Mit Zitronensaft bepinseln. Die Butter in einer großen, ofenfesten Pfanne bei mittlerer Hitze schmelzen und beide Zuckerarten unterrühren, bis sie schmelzen. Die Birnenhälften mit den Schnittstellen nach unten in einer Lage in die Pfanne geben. Auf mittlerer Schiene unter gelegentlichem Begießen mit dem Saft 40–45 Minuten im Rohr braten, bis sie weich sind.

Danach aus dem Rohr nehmen, die Birnen auf einen Teller geben und den Saft 3–4 Minuten aufkochen, bis er karamellisiert. Schlagobers und Salz vorsichtig einrühren, vom Herd nehmen, die Birnen in die Sauce geben und zur Seite stellen.

Den Flan vorsichtig mit dem Messer aus den Formen lösen, auf Teller stürzen und mit den Birnen warm servieren.

TIPP
Verfeinern Sie das Dessert mit Vanilleeis.

Moccatorte

Für 10–12 Portionen:

50 ml starker Espresso
100 g Butter
400 g Zartbitterkuvertüre
4 Eier
4 Eidotter
130 g Feinkristallzucker
1 Prise Zimt
1 Prise Salz
1 Pkg. Vanillezucker
100 g Mehl

Einen Springformboden mit Backpapier belegen und den Ring darauf festziehen.

Für den Teig den Espresso zubereiten und auskühlen lassen. Butter in einem Topf zerlassen, die Kuvertüre in Stücke brechen und darin auflösen. Die Masse etwa 15 Minuten auf Zimmertemperatur abkühlen lassen.

Das Backrohr auf 180 °C vorheizen.

Eier, Eidotter und Espresso in einer Schüssel eine Minute schaumig schlagen. Zucker, Zimt, Salz und Vanillezucker zugeben und 3–4 Minuten schlagen. Mehl kurz unterrühren. Die Butter-Kuvertüre-Mischung dazugeben und vorsichtig vermischen. Den Teig in die Form gießen und glatt streichen.

Im Rohr 35 Minuten backen, wenn der Kern flüssig bleiben soll. Ansonsten weitere 10 Minuten backen.

TIPP
Am besten warm mit Vanilleeis servieren.

Milchreis
mit karamellisierten Feigen

Vanillemark mit der Milch in einem Topf zum Kochen bringen. Milchreis zufügen, die Temperatur verringern und den Reis zugedeckt 20 Minuten weich köcheln. Mehrmals umrühren und mit 1 EL Honig abschmecken.

Währenddessen die Feigen waschen, die Stiele entfernen und halbieren. Den Rosmarin in kleine Stücke teilen.

Den restlichen Honig, Zucker, und Butter in einer Pfanne karamellisieren lassen. Feigen und Rosmarin in die Pfanne geben und 2–3 Minuten schwenken. Zitronensaft dazugeben, einmal kurz aufkochen lassen und die Pfanne vom Herd nehmen.

Den Milchreis auf 4 Schalen aufteilen, Feigen mit Karamellsauce darauf anrichten und sofort servieren.

Mark einer Vanilleschote
600–700 ml Milch
200 g Milchreis
2 EL Honig
8 Feigen
1 Zweig Rosmarin
1 EL Zucker
1 EL Butter
1–2 EL Zitronensaft

TIPP
Auch Milchreis pur mit Zimt bestreut schmeckt lecker.

Orangen-Mandel-Palatschinken
mit Topfencreme und Schokosauce

Fülle:
3–4 Orangen
1 Zitrone
40 g Rohrohrzucker
1 gehäufter EL Speisestärke
30 g Butter
1 Ei
1 Eidotter

Palatschinken:
1 EL Butter
100 g glattes Mehl
200 ml Milch
1 Ei
1 Prise Salz
1 EL Pflanzenöl
2 EL Mandeln, gehobelt

Creme:
75 ml Schlagobers
250 g Magertopfen
3–4 EL Milch
1–2 Prisen Vanillezucker

Sauce:
75 g Zartbitterschokolade
3–4 EL Schlagobers

Für die Fülle 1–2 Orangen und die Zitrone auspressen und insgesamt 150 ml Saft abmessen. Mit Zucker und Stärke in einem Topf mischen und unter Rühren aufkochen. Nach und nach die Butter unterrühren. Ei und Eidotter verquirlen. Den Topf vom Herd nehmen und das Ei gut unter die Saftmischung schlagen. Unter ständigem Rühren erhitzen, bis die Masse eindickt, dann auskühlen lassen.

Für die Palatschinken die Butter schmelzen, mit Mehl, Milch, Ei und Salz glatt verrühren und 10 Minuten quellen lassen. Eventuell noch etwas Milch zufügen.

Eine beschichtete Pfanne dünn mit Öl auspinseln und erhitzen. Eine Teigportion dünn in der Pfanne verteilen, einige Mandelblättchen hinein streuen und auf beiden Seiten hellbraun backen. Nacheinander die Palatschinken backen und warm halten.

Die restlichen Orangen schälen, die weiße Haut entfernen und die Filets heraustrennen. Die Fülle in die Palatschinken geben, einrollen und mit den Orangenfilets in eine große Schüssel schichten.

Für die Topfencreme das Schlagobers steif schlagen. Topfen und Milch glatt rühren, Schlagobers unterziehen und mit Vanillezucker abschmecken.

Für die Sauce die Schokolade grob hacken und im Wasserbad schmelzen. Das Schlagobers einrühren.

Die Palatschinken mit Topfencreme und Schokosauce anrichten und servieren.

Orangen-Mohn-Pizza

2 Orangen
1 Bio-Zitrone
350 g Mascarpone
1 Ei
1 EL Mohn, gemahlen
2 EL Vanillepudding-pulver
40 g Zucker
1 Rolle Pizzateig
30 g Pistazien, geröstet
4–5 EL Waldhonig

Das Backrohr auf 220 °C vorheizen. Die Orangen schälen und die weiße Haut entfernen. Eine Orange in 1 cm breite Scheiben, die andere in 2 cm große Würfel schneiden. Die Kerne entfernen. Zitrone heiß waschen, trocknen und die Schale abreiben, den Saft auspressen.

Mascarpone mit Zitronenschale, 2 EL Zitronensaft, Ei, Mohn, Puddingpulver und Zucker glatt rühren. Den Pizzateig auf einem Blech ausrollen und mit der Mascarponecreme bestreichen, die Orangen darauf verteilen. Auf der untersten Schiene 12–15 Minuten backen, bis die Teigränder goldbraun sind.

Inzwischen die Pistazien waschen, um sie vom Salz zu befreien und grob hacken. Die Pizza herausnehmen und vierteln. Mit Honig beträufeln, die Pistazien darauf verteilen und sofort servieren.

Orangen-Schokoladen-Tarte

Für den Mürbteig alle Zutaten rasch zu einem glatten Teig vermischen, in Frischhaltefolie wickeln und 30 Minuten kühl stellen.

Das Backrohr auf 220 °C vorheizen. Eine Tarteform mit Butter einfetten.

Den Teig auf einer mit Mehl bestäubten Arbeitsfläche dünn ausrollen und in die Form legen. Den Teig mit Backpapier belegen und mit Hülsenfrüchten beschweren. Auf mittlerer Schiene 20 Minuten vorbacken.

In der Zwischenzeit die Butter in einem kleinen Topf schmelzen und auf Zimmertemperatur abkühlen lassen. Orangen- und Zitronensaft durch ein Sieb in eine Schüssel streichen. Zucker, Eidotter und Eier zufügen und mit einem Pürierstab mixen. Die Butter unter ständigem Mixen langsam zufügen.

Die Tarte aus dem Rohr nehmen, die Temperatur auf 110 °C reduzieren und Hülsenfrüchte und Backpapier entfernen. Die Orangenmasse auf den Teig geben und weitere 15–20 Minuten backen, bis die Fülle gestockt ist.

Währenddessen die Orange und Zitrone heiß waschen, trocknen und mit einem scharfen Messer in sehr dünne Scheiben schneiden.

Zucker und 100 ml Wasser in einem Topf zum Kochen bringen, die Zitrusscheiben hineinlegen, kurz aufkochen lassen und den Topf vom Herd nehmen.

Die Tarte aus dem Rohr nehmen, die Zitrusscheiben vorsichtig aus dem Sud heben, zwischen 2 Lagen Küchenpapier trocknen und dekorativ auf der Tarte verteilen. Weitere 5 Minuten backen.

Die Melissezweige dekorativ verteilen und sofort servieren.

Für 6–8 Portionen:

Teig:
200 g Mehl
30 g Kakaopulver
1 Msp. Backpulver
110 g weiche Butter
50 g Kristallzucker

Creme:
75 g Butter
130 ml frisch gepresster Orangensaft
40 ml frisch gepresster Zitronensaft
100 g Staubzucker
2 Eidotter
2 Eier
½ Bio-Orange
½ Bio-Zitrone
100 g Kristallzucker
2–3 Zitronenmelissenzweige

Powidl-Buchteln

Für 12 Portionen:

500 g Dinkelmehl
20 g frische Hefe
220 ml Sojadrink ungesüßt
100 g Reissirup
110 g Margarine zum Backen
60 g Powidl
1 EL Puderzucker
Salz

Mehl mit einer Prise Salz in eine Schüssel geben. Die Hefe in die lauwarme Sojamilch bröseln und mit 1 EL Reissirup glatt rühren. 10 Minuten abgedeckt gehen lassen.

Die Margarine schmelzen und dann abkühlen lassen. Die Hefemischung mit 60 g flüssiger Margarine und dem restlichen Reissirup zum Mehl geben und zu einem glatten Teig verkneten. Abgedeckt mindestens 50 Minuten gehen lassen.

Den Teig nochmals gut kneten und in 12 gleich große Teile teilen. Die Teigstücke flach drücken und mit je 1 TL Powidl füllen. Den Teig verschließen und zu Buchteln formen.

Eine ofenfeste Form mit 20 g Margarine fetten und die Buchteln hineinsetzen, 15 Minuten gehen lassen. Den Teig mit der restlichen Margarine bepinseln und im vorgeheizten Backrohr bei 180 °C auf mittlerer Schiene ca. 25 Minuten backen.

Mit Puderzucker bestreut servieren.

TIPP
Warme Vanillesauce rundet das Dessert perfekt ab.

Reispudding
mit karamellisierten Äpfeln und Haselnüssen

Äpfel:
1 Bio-Orange
1 Vanilleschote
375 ml Dessertwein
330 g Feinkristallzucker
4 kleine Äpfel

Pudding:
1 Vanilleschote
1 l Milch
2 Zimtstangen
20 g Butter
300 g Risotto- oder Rundkornreis
3 EL Dessertwein
4 Eidotter
80 g Feinkristallzucker
30 g Haselnüsse
1 TL gemahlener Zimt

Für die karamellisierten Äpfel die Orangen waschen, trocknen, die Hälfte der Schale mit einem Gemüseschäler dünn abschälen und den Saft auspressen. Die Vanilleschote aufschneiden und das Mark herauskratzen. Vanilleschote und -mark, Dessertwein, 50 ml Orangensaft, Orangenschale, Zucker und 50 ml Wasser in einer großen, tiefen Pfanne bei mittlerer Hitze erwärmen, bis sich der Zucker auflöst. Dann 7–8 Minuten kochen.

In der Zwischenzeit die Äpfel waschen, oben und unten jeweils 1 cm wegschneiden, die Äpfel in Scheiben schneiden und die Kerne entfernen. Die Scheiben in einer einzelnen Schicht in den Sirup geben und 8–10 Minuten köcheln, bis sie weich sind. Vom Herd nehmen, die Apfelscheiben wenden und 10 Minuten ziehen lassen.

Für den Reispudding die Vanilleschote aufschneiden und das Mark herauskratzen. Milch, Vanilleschote und -mark und die Zimtstangen in einem großen Topf bei mittlerer Hitze aufkochen, vom Herd nehmen und warm halten.

Butter in einem Topf über mittlerer Hitze schmelzen, Reis beigeben und unter ständigem Rühren 2 Minuten anschwitzen. Dessertwein dazugeben und unter ständigem Rühren 2 Minuten kochen, bis er verdunstet ist. Einen Schopflöffel heiße Milch zum Reis geben und einrühren. Vorgang wiederholen, bis die Milch aufgebraucht ist, Dotter und Zucker verrühren, untermischen und unter ständigem Rühren 2 Minuten kochen, bis der Reispudding eindickt, dann vom Herd nehmen.

Die Haselnüsse grob hacken, die Äpfel auf den Reis geben und den Sirup darüber träufeln. Mit Haselnüssen und Zimt bestreuen und servieren.

Rhabarber-Himbeer-Crumble

4 kleine ofenfeste Backformen ausbuttern.

Rhabarber in 2–3 cm große Stücke schneiden. Mit den Himbeeren, 3–4 EL Rohrzucker und Zitronensaft vermischen und in die Formen geben.

Die Haferflocken, Rohrzucker, Mehl und Zimt vermischen und mit der flüssigen Butter zu Bröseln vermengen.

Die Brösel über dem Obst verteilen und 20–25 Minuten auf mittlerer Schiene goldbraun überbacken. Noch warm servieren.

300 g Rhabarber
300 g Himbeeren
3–4 EL Rohrzucker
1 EL Zitronensaft

50 g Haferflocken
50 g Rohrzucker
50 g Mehl
½ TL gemahlener Zimt
100 g Butter

Salzburger Nockerln

5 Eiklar
40 g Kristallzucker
10 g Staubzucker
3 Eidotter
20 g Mehl
geriebene Zitronenschale
etwas Vanillezucker
1/16 l Milch
40 g Butter
Staubzucker und Vanillezucker zum Bestreuen

In einer feuerfesten Form Butter, Staubzucker, Milch und Vanillezucker erhitzen.

5 Eiklar mit Kristallzucker steif schlagen. Dotter, Mehl und Zitronenschale rasch darunter ziehen. Es sollen noch Dotterfäden sichtbar sein.

3 Nockerln formen, in das feuerfeste Geschirr geben und im Rohr 7 Minuten bei 180 °C backen, bis sie goldbraun sind.

Mit Staubzucker-Vanillezucker-Gemisch bestreuen und sofort servieren.

Schokotörtchen

70 g weiche Butter
60 g Zucker
4 Eier
70 g Schokolade
70 g gemahlene Haselnüsse
10 g Semmelbrösel
1 Prise Salz

Eier trennen. Die Schokolade im Wasserbad schmelzen.

Butter mit 20 g Zucker, Salz und Eidotter sehr schaumig schlagen.

Eiklar mit 40 g Zucker zu einem steifen Schnee schlagen.

Die geschmolzene Schokolade unter die Eidottermasse rühren. Brösel und Nüsse einrühren und zuletzt den Schnee unterheben.

4 kleine Förmchen mit Butter einfetten, mit Zucker bestreuen und zu gut zwei Drittel voll füllen. Im Dampfgarer 40–50 Minuten dämpfen oder eine Blechwanne mit Zeitungspapier auslegen, heißes Wasser 2 cm hoch einfüllen und die Formen hineinstellen. Bei 170 °C 40–50 Minuten backen.

Vorsichtig aus der Form stürzen und mit Schokosauce und Schlagobers warm servieren.

Überbackene Grapefruits
mit Knuspermüsli und Ingwer

4 rote Grapefruits
8 EL Rohrohrzucker
4 kandierte Ingwerstücke
4 EL Knuspermüsli
4 TL Ahornsirup
200 ml Schlagobers
Mark von ½ Vanilleschote
2 TL Kristallzucker

Das Backrohr auf 220 °C vorheizen. Die Grapefruits halbieren und jede Hälfte mit 1 TL Zucker bestreuen. Den Ingwer fein hacken und auf 4 Grapefruithälften verteilen. Die restlichen vier Hälften mit Knuspermüsli bestreuen und mit Ahornsirup beträufeln. Alle Hälften nun auf ein tiefes Backblech verteilen und ca. 10 Minuten auf mittlerer Hitze überbacken.

Schlagobers mit Vanillemark und Zucker cremig schlagen und kalt stellen.

Die Grapefruits aus dem Rohr nehmen und mit Schlagobers und dem Sirup, der beim Backen entstanden ist, beträufel und servieren.

Zabaione mit Amaretto

100 g Cantuccini mit Mandeln
3–4 EL Amaretto
2 Eier
9 EL Zucker
200 g Schlagobers
Schale einer ½ Zitrone

Die Cantuccini zerbröseln und in Amaretto tränken. Einen großen Topf Wasser aufkochen.

Währenddessen die Eier mit 8 EL Zucker schaumig schlagen und die Schüssel in das kochende Wasser setzen. Die Amaretto-Cantuccini in die Eier-Zucker-Mischung geben und weiterschlagen.

Wenn die Zabaione schaumig ist, die Schüssel aus dem Wasser nehmen. Das Obers mit dem restlichen Zucker steif schlagen und die Zitronenschale unterrühren.

Das Zitronenobers auf die Gläser verteilen und mit der warmen Zabaione begießen.

SAUCEN & CREMEN

Erdbeer-Ingwer-Sauce

30 g frischer Ingwer
20 g Feinkristallzucker
250 g Erdbeeren

Den Ingwer schälen, in kleine Würfel schneiden und mit 50 ml Wasser und dem Zucker einmal aufkochen und abkühlen lassen.

Die Erdbeeren mit dem Ingwersirup in einem Mixbecher fein pürieren und servieren.

Erdbeer-Melonen-Sauce

10 g Leinsamen
150 g Erdbeeren
200 g Banane
200 g Wassermelone
50 g rote Trauben
5 Zitronenmelisseblätter
50 ml frisch gepresster Orangensaft
Honig oder Zucker zum Süßen

Leinsamen mit 50 ml kochendem Wasser übergießen und 30 Minuten ziehen lassen.

Das Obst putzen, Kerne entfernen und klein schneiden. Früchte mit der Zitronenmelisse, den Leinsamen, Orangensaft im Mixbecher fein pürieren.

Nach Belieben süßen und erneut pürieren.

Granatapfel-Fenchel-Sauce

1 roter Apfel
½ Birne
¼ Papaya
¼ Granatapfel
20 g Ingwer
120 g Himbeeren
40 g Fenchelgrün
1 Prise Anis
Zucker oder Honig

Apfel und Birne vierteln, das Kerngehäuse entfernen und das Fruchtfleisch klein schneiden. Die Papaya schälen, Kerne entfernen und ebenfalls klein schneiden.

Granatapfelkerne aus der Schale lösen, den Ingwer schälen und in Scheiben schneiden. Alles mit den Himbeeren, dem Fenchelgrün und Anis im Mixbecher fein pürieren und nach Belieben süßen.

SAUCEN & CREMEN **89**

Kokos-Toffee-Sauce

Die Zutaten aufkochen, die Hitze reduzieren und unter gelegentlichem Rühren ca. 20 Minuten köcheln lassen, bis die Sauce dickflüssig wird. Abkühlen lassen.

100 g Feinkristallzucker
200 ml Kokosmilch
50 g Butter

Mango-Celementinen-Sauce

Das Obst schälen, Kerne entfernen und in Stücke schneiden.

Alles mit Minze, Karottensaft und den Nüssen im Mixbecher pürieren. Nach Belieben süßen.

½ reife Mango
1 Clementine
½ Papaya
40 g Physalis
3 Minzeblätter
100g Karottensaft
20 g Cashewkerne
Zucker oder Honig

Melonen-Ingwer-Sauce

Das Obst und den Ingwer schälen, Kerne entfernen und in Stücke schneiden. Gemeinsam mit den Marillen und dem Limettensaft pürieren und kalt stellen.

180 g Zuckermelone
200 g Ananas
½ Birne
50 g Ingwer
100 g Karotten
50 g getrocknete Marillen
2 EL Limettensaft

Orangen-Rosmarin-Sauce

2 Rosmarinzweige
½ Pkg. Vanillepuddingpulver
500 ml Orangensaft
30 g Kristallzucker

Die Rosmarinnadeln abzupfen und fein hacken. Das Puddingpulver mit 3 EL Orangensaft verrühren. Den übrigen Orangensaft mit dem Rosmarin und dem Zucker zum Kochen bringen. Die Puddingmixtur zugeben und unter Rühren einmal aufkochen.

Die Sauce mit Folie abdecken, kalt stellen und servieren.

Pistaziensauce

40 g geschälte Pistazien
400 g Patisseriecreme
1 Pkg. Vanillezucker
150 ml Milch
50 ml Schlagobers

Salz von den Pistazien abwaschen, abtrocknen und fein hacken. Creme mit Vanillezucker, Milch, Schlagobers und den Pistazien verrühren und servieren.

Schoko-Whisky-Sauce

150 g Zartbitterkuvertüre
50 ml Whisky
150 g Kristallzucker
1 TL Trockenstärkesirup

Die Kuvertüre fein hacken. 50 ml Wasser, Whisky, Zucker und Stärkesirup unter Rühren aufkochen, bis der Zucker geschmolzen ist. Den Topf vom Herd ziehen, die Kuvertüre unterrühren, bis sie geschmolzen ist.

Danach 5 Minuten abkühlen lassen und servieren.

Honig-Joghurt-Creme

5 Blatt Gelatine
400 g Joghurt
40 g Vanillezucker
1 TL Kardamom
1/2 TL Zimt
40 g Kristallzucker
100 g flüssiger Honig

Gelatine 4 Minuten einweichen und ausdrücken und in einem Topf bei niedriger Temperatur auflösen. Joghurt mit Vanillezucker, Kardamom und Zimt verrühren. 2 EL davon mit der Gelatine verrühren und unter die restliche Joghurtmischung mengen. Zucker und Honig unterrühren und die Creme für mindestens 4 Stunden kalt stellen.

> **TIPP**
> So wird die Creme relativ fest und eignet sich auch für Torten.
> Alternative: Reduzieren Sie die Gelatinemenge auf 2 Blatt und servieren Sie die Creme als leichtes Dessert mit frischen Früchten.

Mascarpone-Cookie-Creme

50 g Schoko-Cookies
3 EL Sherry Fino
250 g Mascarpone
40 g Feinkristallzucker
1 Pkg. Vanillezucker
200 ml Schlagobers

Cookies zerbröseln und mit Sherry beträufeln. Mascarpone mit Zucker und Vanillezucker mischen und glatt rühren. Schlagobers steif schlagen, mit Mascarpone und Cookies verrühren und die Creme bis zur Verwendung kalt stellen.

Honig-Joghurt-Creme >

Orangen-Buttercreme
mit Pinienkernen

500 ml Orangensaft
1 Pkg. Vanillepudding-pulver
60 g Kristallzucker
50 g Pinienkerne
350 g weiche Butter

5 EL Orangensaft mit dem Puddingpulver verrühren.

Den übrigen Saft mit Zucker zum Kochen bringen und das Puddingpulver unterrühren, aufkochen lassen und vom Herd nehmen. Mit Frischhaltefolie abdecken und auf Zimmertemperatur abkühlen lassen.

Die Pinienkerne goldbraun rösten und abkühlen lassen. Butter in einer Schüssel mit dem Handmixer 5 Minuten schaumig schlagen, die Orangencreme löffelweise unterschlagen, die Pinienkerne untermischen und die Creme bis zur Verwendung kalt stellen.

Orangen-Granatapfel-Creme

1 Orange
1 Zitrone
1 Blatt Gelatine
3 Eidotter
100 g Feinkristallzucker
100 g Butter

Für die Orangencreme den Saft der Orange und der Zitrone in getrennte Schälchen pressen.

Gelatine in kaltem Wasser einweichen. Eidotter und Zucker in einer Schale verrühren, 4 EL Orangen- und 2 EL Zitronensaft einrühren.

Die Mischung in einen Topf geben, die Butter grob zerkleinern und bei mittlerer Hitze unter ständigem Rühren einrühren. 3–4 Minuten köcheln lassen, den Topf vom Herd nehmen und in eine Schüssel gießen. Im Kühlschrank kalt stellen.

Schoko-Erdnuss-Creme

Kuvertüre zerkleinern und im Wasserbad schmelzen. Das Schlagobers steif schlagen und 2 EL davon mit der heißen Kuvertüre glatt rühren.

Die Schüssel vom Wasserbad nehmen und die Erdnusscreme untermischen. Das übrige Schlagobers unterheben und die Creme bis zur Verwendung kalt stellen.

Es können auch kleine Erdnussstückchen untergemischt werden.

200 g Zartbitterkuvertüre
400 ml Schlagobers
50 g Erdnusscreme

Topfencreme

Für die Topfencreme das Schlagobers steif schlagen. Topfen und Milch glatt rühren, Schlagobers unterziehen und mit Vanillezucker abschmecken.

75 ml Schlagobers
250 g Magertopfen
3–4 EL Milch
1–2 Prisen Vanillezucker

Topfen-Himbeer-Creme

3 Blatt Gelatine
250 g Magertopfen
50 g Feinkristallzucker
200 ml Schlagobers
250 g Himbeeren

Gelatine 4 Minuten einweichen und ausdrücken und in einem Topf bei niedriger Temperatur auflösen.

Den Topfen und den Zucker glatt rühren, das Schlagobers steif schlagen. 2 EL Topfen mit der Gelatine verrühren und unter den restlichen Topfen mischen.

Das Schlagobers unterziehen und die Himbeeren unterheben. Nun die Creme mindesten 2 Stunden kalt stellen.